AVALIAÇÃO PSICOLÓGICA

GUIA DE CONSULTA PARA ESTUDANTES E PROFISSIONAIS DE PSICOLOGIA

AVALIAÇÃO PSICOLÓGICA

GUIA DE CONSULTA PARA ESTUDANTES E PROFISSIONAIS DE PSICOLOGIA

Revisado e Atualizado

Rodolfo A. M. Ambiel
Ivan Sant'Ana Rabelo
Sílvia Verônica Pacanaro
Gisele Aparecida da Silva Alves
Irene F. Almeida de Sá Leme

ORGANIZADORES

Avaliação psicológica – Guia de consulta para estudantes e profissionais de psicologia
Copyright © 2019 Artesã Editora
1ª edição, 2ª reimpressão, maio de 2022

É proibida a duplicação ou reprodução deste volume, no todo ou em parte, sob quaisquer formas ou por quaisquer meios (eletrônico, mecânico, gravação, fotocópia, distribuição na Web e outros), sem permissão expressa da Editora.

DIRETOR
Alcebino Santana

DIREÇÃO DE ARTE
Tiago Rabello

REVISÃO
Silvia P. Barbosa

CAPA
Karol Oliveira

PROJETO GRÁFICO E DIAGRAMAÇÃO
Conrado Esteves

A945
    Avaliação psicológica : guia de consulta para estudantes e profissionais de psicologia / Rodolfo Ambiel... [et al.] . – Belo Horizonte : Artesã, 2019.

    168 p. ; 23 cm.

    ISBN: 978-85-7074-042-7

    1. Psicodiagnóstico. 2. Psicometria. 3. Testes psicológicos.

                                                            CDU 159.98

Catalogação: Aline M. Sima CRB-6/2645

IMPRESSO NO BRASIL
Printed in Brazil

📞 (31)2511-2040   📱 (31)99403-2227
🌐 www.artesaeditora.com.br
📍 Rua Rio Pomba 455, Carlos Prates - Cep: 30720-290 | Belo Horizonte - MG
📷 f /artesaeditora

SUMÁRIO

Prefácio..7
Leandro S. Almeida

CAPÍTULO 1
Da testagem à avaliação psicológica:
aspectos históricos e perspectivas futuras.......................................11
Rodolfo A. M. Ambiel
Sílvia Verônica Pacanaro

CAPÍTULO 2
Panorama atual dos testes psicológicos no Brasil de 2003 a 2019.........27
Sílvia Verônica Pacanaro
Gisele Aparecida da Silva Alves
Ivan Sant'Ana Rabelo
Irene F. Almeida de Sá Leme
Rodolfo A. M. Ambiel

CAPÍTULO 3
"E viveram felizes para sempre":
a longa (e necessária) relação entre psicologia e estatística...................47
Rodolfo A. M. Ambiel
Josemberg Moura de Andrade
Lucas de Francisco Carvalho
Vicente Cassepp-Borges

CAPÍTULO 4
Teoria de Resposta ao Item na Avaliação Psicológica.............................71
Felipe Valentini
Jacob Arie Laros
João Paulo Lessa

CAPÍTULO 5

Validade e precisão de testes psicológicos...93

Gisele Alves
Mayra Silva de Souza
Makilim Nunes Baptista

CAPÍTULO 6

As nuances da Padronização e Normatização de Testes Psicológicos...109

Ivan Sant'Ana Rabelo
Leila Brito
Márcia G. S. Rego

CAPÍTULO 7

A ética no uso de testes no processo de avaliação psicológica.............145

Maria Cristina Barros Maciel Pellini
Irene F. Almeida de Sá Leme

Os autores...161

PREFÁCIO

Leandro S. Almeida[1]

O avanço científico nas diferentes áreas do saber pressupõe avaliação, exigindo esta avaliação instrumentos apropriados para o efeito. A réplica da investigação em diferentes países e em amostras alargadas pressupõe instrumentos ágeis, precisos e válidos. Neste sentido, em qualquer área científica, é fundamental o esforço dos pesquisadores na construção e validação de novos instrumentos de medida. Na Psicologia, enquanto ciência e profissão com responsabilidades sociais, esta avaliação assume papel relevante na tomada de decisões e, como tal, requer instrumentos de avaliação cientificamente aprovados. Em boa medida a qualidade da pesquisa e da prática em psicologia, em ambos os casos sempre dependentes da qualidade da informação ou dos resultados que

---

[1] Professor Catedrático da Universidade do Minho. Doutorou-se em Psicologia pela Universidade do Porto, em 1987, tendo estagiado na Universidade de Yale, Estados Unidos, e na Universidade Católica de Lovaina, Bélgica, durante a preparação do doutoramento. Leciona e pesquisa sobre inteligência, cognição e aprendizagem, incluindo a construção e validação de provas psicológicas, sendo que algumas dessas provas são estudadas e estão validadas no Brasil. Entre estas destaca-se a Bateria de Provas de Raciocínio – BPR-5, em coautoria com Ricardo Primi, editada pela Editora Pearson.

são recolhidos, encontra-se muito associada à própria atualidade, qualidade, confiança e valor dos instrumentos usados. Assim, apesar das críticas relativamente frequentes e universais, algumas vezes justas, e outras vezes injustas, demasiadas vezes incompreensivelmente oriundas do seio da própria psicologia, a consolidação da psicologia em termos de investigação e de exercício profissional acompanha a emergência e o fortalecimento do movimento e história dos testes psicológicos. Não se podendo divinizar os testes, ou lhes dar um estatuto de exclusividade na avaliação psicológica – até porque não precisam de tal estatuto -, os testes psicológicos tiveram e continuam a ter um papel importante no reconhecimento científico e social da psicologia.

Um dos problemas da psicologia, como nas demais áreas, é que ninguém sem sólida formação consegue realizar de forma apropriada algo tecnicamente complexo. Por muita psicologia que o psicólogo possa saber, isso não lhe garante por si só a competência no uso dos testes psicológicos. A psicometria como domínio de formação acadêmica e profissional é fundamental ao uso de testes psicológicos. Algumas das críticas ao método dos testes decorrem da pouca formação por parte do profissional e dos próprios críticos. Em qualquer ciência e ramo de atividade, um instrumento é apenas um instrumento, e a qualidade de seu uso depende intensamente da sabedoria ou do grau da competência do utilizador. Porque havemos de exigir dos testes psicológicos aquilo que eles não podem dar. É fundamental termos bons testes, contudo é também verdade que um bom testes apenas se rentabiliza nas mãos de um psicólogo competente.

Uma primeira competência por parte do psicólogo é saber quando deve e quando não deve usar um determinado teste psicológico. Esta competência exige conhecer muito bem o teste e conhecer bem o contexto particular em que ele vai ser usado. O uso dos testes psicológicos, por estas razões, exige muito do psicólogo do ponto de vista técnico e ético, sendo importante que associações científicas e profissionais da psicologia regulem essa utilização. Só com boa formação acadêmica e prática vai o psicólogo reunindo as competências necessárias à realização de uma boa avaliação, recorrendo, entre outros meios, aos testes psicológicos. Por tudo isso, importa destacar uma nova atualização deste livro, entendido como um manual atual da área da psicometria nas mãos do aluno, profissionais e acadêmicos da psicologia. Para além dos acadêmicos que pesquisam em psicometria ou que conduzem estudos de validação de provas psicológicas, este manual serve também aos alunos e aos utilizadores dos testes psicológicos em geral. Também estes precisam conhecer os procedimentos básicos de estatística utilizados na construção e validação dos instrumentos. Neste livro, tais procedimentos aparecem devidamente enquadrados e justificados pelos conceitos psicométricos de precisão, validade e normas, complementando metodologias clássicas e atuais (teoria de resposta ao item, por exemplo) de sua estimação. Da mesma forma, na organização deste livro atentou-se às considerações éticas na avaliação psicológica. Incluindo-se a avaliação psicológica nos atos psicológicos, seja na investigação, seja no exercício profissional, importa acautelar-se sobre os limites dos instrumentos e da própria ava- liação, assim como saber acautelar os direitos dos indivíduos e instituições envolvidos na avaliação.

Pelas ligações pessoais à psicologia e aos psicólogos brasileiros, em particular tendo a avaliação psicológica como um dos motivos desta aproximação, afirmo o enorme prazer em prefaciar este manual. Felicito aos autores pela clareza e pelas preocupações pedagógicas colocadas na redação de seus capítulos. Precisamos destes manuais para que alunos, profissionais e acadêmicos ultrapassem as resistências frequentes ao estudo aprofundado da psicologia.

CAPÍTULO 1

DA TESTAGEM À AVALIAÇÃO PSICOLÓGICA: ASPECTOS HISTÓRICOS E PERSPECTIVAS FUTURAS

Rodolfo A. M. Ambiel
Sílvia Verônica Pacanaro

A palavra "teste", tal como usada em português, originou-se do termo em latim *testis*, que significa testemunha, e, posteriormente, do inglês *test*, com o sentido de prova. Portanto, etimologicamente, **realizar um teste é realizar uma prova e dar testemunho de alguma coisa.** Nesse sentido, quando se trata de testes psicológicos, seu principal uso é enquanto ferramenta na tomada de decisões que envolvem pessoas a partir do desempenho ou do autorrelato em provas, questionários ou escalas que avaliem características psicológicas. Embora o surgimento dos testes psicológicos tenha sido registrado no início do século XX, muito antes disso já se fazia verificação e levantamento de características e habilidades das pessoas, em diversas culturas e contextos, principalmente em situações relacionadas a selecionar candidatos para algumas funções específicas (URBINA, 2007).

Considerando a longa história dos testes, suas contribuições para o desenvolvimento científico e da prática profissional na psicologia, o presente capítulo pretende fazer uma revisão histórica sobre as origens e aplicações da testagem, destacando sua importância no processo de reconhecimento da profissão. Em seguida, serão realizadas algumas reflexões sobre a testagem e avaliação psicológica especificamente no contexto brasileiro.

AS ORIGENS DA TESTAGEM PSICOLÓGICA

Há registros de que os procedimentos de avaliação variaram muito ao longo da história, com influências das crenças, filosofias e posições políticas próprias de cada época e região, desde o período neolítico, datando 12.000 a.C., passando pelas culturas egípicias e suméria (10.000 a.C.) até os dias atuais (Barclay, 1991; Van Kolck, 1981; Urbina, 2007). Por exemplo, em 200 a.C., na China, eram realizados concursos públicos e as provas para seleção envolviam demonstrações de proficiência em música, uso do arco, habilidades de montaria, exames escritos sobre temas relacionados a leis, agricultura e geografia (Urbina, 2007). Especificamente sobre a testagem psicológica, os antecedentes da utilização de procedimentos de avaliação clínica recaem principalmente sobre a psiquiatria, com estudos na Alemanha e França no início do século XIX, com foco no desenvolvimento de provas para avaliar o nível do funcionamento cognitivo de pessoas com danos cerebrais e outros transtornos (McReynolds, 1986).

Do ponto de vista do desenvolvimento científico, os testes tiveram uma grande importância para a psicologia. Em meados do século XIX, os psicofísicos alemães Weber e Fechner deram os primeiros passos em direção ao reconhecimento da psicologia como disciplina científica, cujo grande precursor foi Wilhelm Wundt, com a criação do primeiro laboratório dedicado à pesquisa psicológica em Leipzig, na Alemanha. Com o crescimento deste e de outros laboratórios no final do século XIX, a psicologia se desenvolveu cientificamente de forma acelerada e a expansão ocorreu com o treinamento de vários pesquisadores de outros países europeus e dos Estados Unidos. Dentre os pesquisadores, estava Francis Galton, que se interessou pela mensuração das funções psicológicas, organizando um laboratório antropométrico em Londres com o objetivo de coletar dados sobre características físicas e psicológicas das pessoas. A contribuição de Galton para a área da testagem ocorreu de algumas formas, tais como a criação de testes para medida de discriminação sensorial (barras para medir a percepção de comprimento); apito para percepção de altura do tom; criação de escalas de atitudes (escala de pontos, questionários e associação livre) e o desenvolvimento e simplificação de métodos estatísticos (ANASTASI, 1977).

No mesmo sentido, o psicólogo americano James M. Cattell, influenciado por Galton, acreditava que a chave para a compreensão do funcionamento da mente estava nos processos elementares e, em seus estudos, deu ênfase nas medidas sensoriais. Cattell elaborou uma bateria com testes que investigava áreas relacionadas à acuidade sensorial, tempo de reação, bissecção visual de linha e julgamentos sobre a duração de intervalos curtos de tempo que era aplicada em estudantes universitários com o objetivo que predizer-lhes o sucesso acadêmico (LOGAN, 2006). Contudo, foi em 1900 que Binet e Simon, na França, começaram a tecer uma série de críticas aos testes até então utilizados, afirmando que eram medidas exclusivamente sensoriais. O foco da crítica era sobre o fato de que, embora permitissem maior precisão nas medidas, os testes sensoriais não tinham relação importante com as funções intelectuais, fazendo somente referências a habilidades muito específicas, quando deveriam se ater às funções mais amplas como memória, imaginação, compreensão, entre outros.

Cinco anos depois, os mesmos pesquisadores franceses publicaram o primeiro teste para a mensuração da capacidade cognitiva geral, a Escala Binet-Simon, sendo constituído por 30 itens (dispostos em ordem crescente de dificuldade) com o objetivo de avaliar algumas funções como julgamento, compreensão e raciocínio, detectando assim o nível de inteligência em crianças das escolas de Paris. **O teste foi desenvolvido a pedido do departamento de educação do governo francês, a fim de identificar as crianças com deficiência intelectual e compor um sistema diferenciado de educação para elas.** Essa escala passou por revisão, ampliação e aperfeiçoamento em 1908 e 1911, um ano antes de Wilhelm Stern propor o Quoeficiente Intelectual (QI), que viria a ser refinado por Lewis Terman, na Universidade de Stanford, nos Estados Unidos, em 1916. Para a obtenção do QI, que exprime numericamente e de forma padronizada a capacidade intelectual dos avaliandos, Stern e Terman sugeriram um cálculo que se baseava na divisão entre a idade mental (IM) e a idade cronológica (IC), multiplicada por 100. Seus estudos sugeriram que quando a idade mental ultrapassasse a idade cronológica, a razão resultante levaria a um escore acima de 100. Por outro lado, quando a idade cronológica ultrapassasse a idade mental, levaria a um escore abaixo de 100 (Sternberg, 2000).

Terman, com seus estudos publicados em 1916, além de ter proposto um avanço para os estudos relacionados ao QI também foi responsável pela adaptação da escala francesa para os Estados Unidos, onde passou a se chamar Escala *Stanford-Binet*. **Naquele momento histórico, outros instrumentos inspirados na Stanford-Binet foram construídos nos Estados Unidos, onde a avaliação cognitiva ganhou grande impulso por conta da Primeira Guerra Mundial, ocorrida entre 1914 e 1918** (Dubois, 1970).

Nesse período, a demanda por instrumentos simples, rápidos, de aplicação coletiva e que pudessem captar diferenças de capacidade intelectual de recrutas foi bastante acentuada, o que levou os pesquisadores a desenvolverem o *Army Alpha* e, mais tarde, o *Army Beta*, que se instituiu como um instrumento não verbal de avaliação da inteligência, ou seja, composto por provas que não exigiam leitura ou escrita dos respondentes, podendo ser utilizado com recrutas analfabetos e que não falasse a língua inglesa (Fancher, 1985). Ao final da Primeira Guerra Mundial, os testes *Army Alpha* e *Army Beta*, que eram somente utilizados no exército, foram liberados para uso civil após várias revisões e estudos com pessoas de diferentes faixas etárias e níveis de escolaridade (Anastasi, 1977).

Com o desenvolvimento da testagem psicológica ocorrido durante o período da guerra, novos testes foram publicados e houve uma melhora na qualidade dos instrumentos, nos procedimentos de administração e pontuações. No bojo desses avanços, **a partir da década de 1920 a testagem educacional também ganhou campo e foram desenvolvidas provas para avaliação de desempenho escolar e de habilidades escolares e acadêmicas específicas,** tais como, *School Aptitude Test* (SAT), *Graduate Record Exam* (GRE), *Medical College Admission Test* (MCAT) e o *Law School Admission Test* (LSAT).

Como pode-se perceber, até por volta de 1930 a testagem estava em plena expansão nos Estados Unidos, em grande parte devido à sua cientificidade e contribuições para a sociedade em diversos âmbitos. Também se percebe que, até então, o foco estava exclusivamente sobre as capacidades cognitivas e, não por acaso, foram os estudos sobre a inteligência humana que obtiveram os maiores avanços metodológicos, teóricos e científicos nessa época.

O inglês Charles Spearman, que realizou seu doutorado no laboratório de Wundt, em Leipzig, foi um dos principais teóricos da fase inicial da psicometria. Suas contribuições se deram ao aplicar modelos matemáticos ao estudo do funcionamento mental, especialmente com o refinamento do método de correlação, previamente desenvolvido por Karl Pearson, e com o desenvolvimento da técnica de análise fatorial. Lançando mão dessas técnicas estatísticas, Spearman desenvolveu estudos a partir dos quais sugeriu a teoria de que todas as habilidades cognitivas convergiam para uma capacidade geral, o chamado fator *g*. Por outro lado, Thurstone, em 1938, utilizando-se dos métodos propostos anteriormente, sugeria a existência de habilidades específicas e independentes que não se organizavam em torno de uma habilidade geral. De acordo com Ribeiro (1998), estava implícito nas teorias que o fator geral dependeria de uma energia mental essencialmente biológica e inata, enquanto que os fatores específicos dependeriam da aprendizagem. Essas questões teóricas foram discutidas ao longo de todo o século XX por Cattell (1940; 1971), Horn (1991) e finalmente por Carroll (1993), que apresentou uma proposta de integração das teorias da inteligência, por meio de um modelo hierárquico das habilidades.

Assim, conforme exposto até aqui, **além do desenvolvimento técnico que os testes ajudaram a implementar na psicologia, eles contribuíram para avanços teóricos importantes, uma vez que permitiam que as teorias fossem testadas na realidade.** Esse período inicial de desenvolvimento da testagem psicológica ocorreu na Europa e principalmente nos Estados Unidos. Na seção a seguir, serão abordados os avanços da área e das práticas no Brasil.

O CAMINHO DOS TESTES NO BRASIL

A testagem e avaliação psicológica no Brasil passaram por diversos avanços e dificuldades ao longo de sua história. Pasquali e Alchieri (2001) destacam que a história dos testes psicológicos no contexto brasileiro teve um período inicial de grande empolgação e uso indiscriminado, seguido por fases de críticas (e muitas vezes com sentido), para uma posterior organização e regulamentação do uso, o que ainda está em processo na realidade brasileira.

Pasquali e Alchieri (2001) destacam que o desenvolvimento da testagem e avaliação psicológica no Brasil passaram por cinco grandes fases, tendo início na primeira metade do século XIX. Tais períodos são **Produção médico-científica acadêmica (1836-1930); Estabelecimento e difusão da psicologia no ensino nas universidades (1930-1962); Criação dos cursos de graduação em psicologia (1962-1970); Implantação dos cursos de pós-graduação (1970-1987); e Emergência dos laboratórios de pesquisa (1987-2001).** O último período foi sumariamente encerrado em 2001 por opção dos autores do presente capítulo, considerando a data de publicação da obra de Pasquali e Alchieri (2001), que serviu de referência. Os avanços ocorridos nos primeiros anos da década de 2000 até atualmente serão apresentados e discutidos mais adiante.

Embora a psicologia tenha sido "fundada" oficialmente em 1879, por Wundt, na Alemanha, antes disso já havia profissionais interessados na compreensão de processos psicológicos no Brasil, tanto que ao longo do século XIX era comum encontrar disciplinas de psicologia em faculdades de medicina. Assim, a partir de um ponto de vista estritamente positivista, observa-se que nas décadas de 1830 e 1840 duas teses em faculdades de medicina, versando sobre inteligência, foram defendidas. No início dos anos de 1900, foram fundados laboratórios de psicologia e adaptação para a realidade brasileira de alguns testes internacionais, tais como o Binet-Simon, realizada pelo médico Isaias Alves, na Bahia. É importante ressaltar que, assim como ocorreu na Europa e Estados Unidos, o interesse inicial dos pesquisadores era conhecer os processos psicológicos básicos, relativos principalmente à percepção e somente nos passos seguintes voltando o foco para funções cognitivas superiores (AMENDOLA, 2011).

As pesquisas iniciais e possibilidades práticas do uso dos testes foram entusiasmantes e muito promissoras. Tanto que o período compreendido entre 1930 a 1962 foi marcado pelo estabelecimento e difusão do ensino da psicologia nas universidades, fazendo parte da grade curricular de diversos cursos, tais como, administração, jornalismo, sociologia, medicina, direito, entre outros. Junto a isso, vários laboratórios de pesquisa e institutos de psicologia aplicada, principalmente de seleção e orientação profissional e de condutores, foram fundados no Brasil, ajudando a desenvolver a testagem, tanto do ponto de vista da pesquisa quanto da prática. Por isso, Andriola (1996) afirmou que, até aquele momento, tal período poderia ser considerado como a "fase de ouro" no que se refere à produção científica e construção de instrumentos de medida, com o desenvolvimento de testes específicos para a população brasileira, embora ainda se recorresse à prática de usar instrumentos importados sem maiores esforços de adaptação para a realidade do país.

O ano de 1962 foi marcado pela oficialização da psicologia como profissão no Brasil, o que se deu pela aprovação da Lei nº 4.119, de 27 de agosto daquele ano. É evidente que essa lei não aconteceu de repente; ao contrário, foi fruto de uma série de avanços ocorridos ao longo de vários anos que fez com que a psicologia deixasse de ser uma disciplina aplicada para ganhar um campo próprio (PEREIRA; PEREIRA NETO, 2003). A partir dessa Lei, que culminou com a criação do Conselho Federal de Psicologia e de suas sucursais regionais em 1974, os cursos de formação de psicólogos foram oficializados, tendo currículos mínimos estabelecendo os conteúdos básicos a serem ensinados nas graduações. Além disso, organizações como a Fundação Getúlio Vargas e o Instituto de Seleção e Orientação Profissional (ISOP), sob a direção de Emilio Mira y López, fortaleceram-se consideravelmente, junto com outros laboratórios e departamentos que foram fundados nas universidades.

Apesar de ter sido um período produtivo do ponto de vista científico e político, instalou-se uma crise de ordem ideológica na área, com críticas relacionadas ao uso indiscriminado de testes estrangeiros sem adaptação. Junto a isso, **com o aparecimento e fortalecimento de abordagens mais sociais e humanistas na psicologia, uma forte oposição às práticas e técnicas positivistas se apresentou, fato que fez com que alguns prejuízos relativos à pesquisa e ensino dos testes se instalassem** (PADILHA; NORONHA; FAGAN, 2007). É importante ressaltar que muitas das críticas que emergiram nesse momento tinham um fundamento lógico e prático e, de fato, algumas questões trouxeram consequências importantes não só para a psicologia, mas também para as pessoas que se submetiam às avaliações. Entretanto, como ressaltaram Noronha et al (2002), tais críticas careciam de fundamentos científicos e partiam, por vezes, exclusivamente para argumentos políticos e até emocionais, com um discurso que perdurou ao longo de pelo menos duas décadas.

Como se percebe, **em grande parte, tais críticas faziam sentido naquele momento, devido à baixa qualidade da formação**

dos alunos em avaliação psicológica, uma vez que nos cursos recém-criados ainda não haviam docentes especializados no assunto em contraposição à grande procura dos alunos pelos cursos de graduação em psicologia. A esse propósito, o texto de Pasquali e Alchieri (2001) relata que em pouco menos de dez anos de existência da profissão, a quantidade de cursos oferecidos subiu de seis para 21, contando, em 1970, com 8000 alunos cursando.

Dada a situação da formação dos profissionais e pesquisadores no Brasil, foram observadas algumas ações no sentido de promover cursos de pós-graduação em psicologia por diversas importantes universidades, tais como as Pontifícias Universidades Católicas do Rio de Janeiro, Rio Grande do Sul e São Paulo, Universidade de Brasília e Universidade de São Paulo. Entretanto, isso não foi suficiente para que os testes, que surgiram como ferramentas promissoras e rapidamente foram difundidas em vários âmbitos, se aprimorassem técnica e cientificamente; ao contrário, com práticas de utilização abusivas e sem as devidas reflexões e formação, os testes psicológicos, **em meados das décadas de 1980 e 1990, foram motivo de reportagens e manifestações públicas contrárias ao seu uso, expondo situações vexatórias de atuações de profissionais da psicologia,** principalmente no âmbito da seleção de pessoal. Infelizmente, havia muito de verdade no que foi veiculado. Contudo, chegar a tal situação fez com que a área ganhasse um novo impulso, buscando garantir a qualidade da formação dos profissionais e docentes, por um lado, e dos instrumentos e testes, por outro. Essas ocorrências tiveram impacto nas políticas implementadas posteriormente pelo Conselho Federal de Psicologia (CFP), que reconheceu o esforço de alguns profissionais no sentido da construção de boas práticas de avaliação psicológica, bem como o grande número de processos éticos referentes a atuação de profissionais na utilização dos testes e no processo de avaliação psicológica.

Uma das iniciativas que tiveram um importante impacto naquele momento foi a fundação do Instituto Brasileiro de Avaliação Psicológica (IBAP), por parte de psicólogos pesquisadores que tinham em comum o fato de conduzirem estudos relacionados à construção, adaptação e validação de testes psicológicos no Brasil. Desde seu surgimento, o IBAP tem promovido ações em prol de uma melhor qualidade dos testes e da avaliação psicológica no Brasil, por meio de publicação de uma revista científica (Revista Avaliação Psicológica), bem como da promoção de congressos e eventos que fomentam a produção científica e reunião de profissionais em torno no tema (GOMES, 2003; HUTZ; BANDEIRA, 2003). Recentemente, membros da diretoria do IBAP propuseram um documento com diretrizes para o ensino da avaliação psicológica, fato que tem influenciado a construção de currículos dos cursos (NUNES et al, 2012).

Outra tendência observada foi o oferecimento de linhas de pesquisa em avaliação psicológica em cursos de pós-graduação *Stricto Sensu*, ou seja, mestrado e doutorado. Segundo Primi (2010), dos 65 programas existentes em universidades de psicologia no Brasil naquele momento, existiam linhas de pesquisa na área na Universidade Federal de Minas Gerais (UFMG), Universidade Federal de Uberlândia (UFU), Universidade Federal do Rio Grande do Sul (UFRGS), PUC-RS, Universidade Federal de Santa Catarina (UFSC), USP (*campi* de Ribeirão Preto e São Paulo), PUC de Campinas, UnB e Universidade São Francisco (USF), sendo que esta última foi a primeira instituição cuja área de concentração é específica em Avaliação Psicológica e desenvolvimento de testes, fato que se mantem até os dias atuais. Vale ressaltar que, de acordo com a Coordenação de Aperfeiçoamento de Pessoal de Nível Superior (CA-PES, 2017), a quantidade de programas de pós-graduação no Brasil havia atingido o patamar de 84 cursos em 2016, apresentando tendência de aumento para os próximos anos.

Na história recente da avaliação psicológica no Brasil, o fato que se destaca é a publicação da Resolução nº 002/2003, que instituiu o Sistema de Avaliação de Testes Psicológicos (SATEP-SI) e critérios mínimos de qualidade para se considerar um teste psicológico apto para o uso profissional, tendo sido atualizada, por meio da publicação da Resolução nº 009/2018. Basicamente, os critérios estabelecidos em 2003 diziam respeito à fundamentação teórica do teste, evidências empíricas, ou seja, obtidas a partir de pesquisas científicas, da validade e precisão do teste (esses conceitos serão abordados no Capítulo 4 deste livro), sistemas de correção e interpretação dos resultados (veja o Capítulo 5) e a compilação de todas essas informações em um livro, chamado Manual Técnico, que compõe o material do teste.

Essa Resolução, e a consequente criação do SATEPSI, foi importante por alguns motivos. Como já citado, até o início da década de

2000 os instrumentos careciam fortemente de pesquisas que atualizassem seus conteúdos. É possível imaginar que, se o Conselho estabeleceu os critérios mínimos de qualidade citados anteriormente, muitos dos testes disponíveis antes dessa data não apresentavam muitas dessas informações. O leitor, ao estudar este livro na íntegra, vai perceber que é bastante difícil (e arriscado) pensar no uso de testes psicológicos que não apresentem os requisitos mínimos para considerar um teste psicológico aprovado. Isso fez com que muitos testes utilizados até aquele momento e que não se enquadrassem no novo padrão de qualidade fossem retirados do mercado, o que provocou uma série de críticas por parte de profissionais que estavam perigosamente acostumados ao uso desses instrumentos. Por outro lado, conforme poderá ser observado no próximo capítulo, o aumento nas pesquisas a partir da resolução foi considerável, e por um motivo muito simples: a partir daquele momento ou se fazia pesquisa com os instrumentos, de acordo com as novas diretrizes, ou não haveria mais instrumental disponível para os psicólogos realizarem avaliação. Vale mencionar que Reppold e Noronha (2018), ao fazerem um balanço dos 15 anos de existência do SATEPSI, reconhecem que houve melhorias concretas na área, tanto do ponto de vista técnico quanto em relação à recuperação da credibilidade da área.

Dessa forma, a Resolução nº 002/2003 disciplinou a construção e adaptação de testes psicológicos no Brasil, fornecendo diretrizes claras aos pesquisadores. Contudo, sua revogação pela Resolução nº 009/2018 representou um verdadeiro avanço para a área, disciplinando também o processo de submissão e avaliação dos testes e estabelecendo critérios claros para estudos de equivalência de instrumentos em diferentes formatos (por exemplo, lápis-e-papel e *online*), além do tempo para que o teste favorável tenha seus dados renovados.

Outro aspecto relevante da Resolução nº 009/2018 que merece ser mencionado é a incorporação, como critério para que um instrumento seja aprovado, dos cuidados com a justiça e proteção dos direitos humanos na avaliação psicológica. Na prática, a Resolução faz um alerta para que pesquisadores e psicólogos cuidem para que os resultados dos testes não contribuam para perpetrar negligências, preconceitos, exploração, violência, crueldade ou opressão; que não induzam a convicções políticas, filosóficas, morais, ideológicas, religiosas, raciais, de orientação sexual e identidade de gênero; tampouco favoreçam o uso de conhecimento da ciência psicológica como instrumentos de castigo, tortura ou qualquer forma de violência.

Por fim, possivelmente a maior contribuição prática da nova Resolução é o reconhecimento de diferentes fontes de informação para a execução da avaliação psicológica. O texto indica que, ao realizar avaliação, o psicólogo pode se valer de dois tipos de fontes, quais sejam, as fontes fundamentais e as fontes complementares. Como fonte fundamental de informação, estão contidos os testes psicológicos e também as entrevistas, anamneses e protocolos de registros de comportamento. Como fontes fundamentais são citados os instrumentos e técnicas que, embora não constem da lista de testes favoráveis do SATEPSI, apresentam evidências científicas de suas propriedades, além de documentos e históricos clínicos. Para uma reflexão mais aprofundada da Resolução, sugere-se a leitura de Rueda e Zanini (2018).

Pode-se perceber até aqui que muitos fatos novos ocorreram na avaliação psicológica no Brasil na última década. Contudo, nenhuma notícia foi mais esperada pelos interessados na área do que o reconhecimento da avalição psicológica como especialidade da psicologia. Essa discussão, que foi foco de várias atividades em congressos do IBAP, foi também promovida por autores em diferentes publicações ao longo da década de 2010 (Borsa, 2016; Noronha; Reppold, 2010; Primi, 2010; 2018). Finalmente, em dezembro de 2018 o Sistema Conselhos de Psicologia, reunido em Brasília, reconheceu a avaliação psicológica como especialidade na psicologia brasileira, instituindo, assim, o título de especialista na área. Nos próximos anos, deve-se ficar atento às mudanças efetivas promovidas na prática profissional por conta desse reconhecimento.

CONSIDERAÇÕES FINAIS

Como pode-se observar, a história da testagem e avaliação psicológica é muito rica e legitima os investimentos atuais e desenvolvimentos recentes, enquanto área prática de atuação do psicólogo, sobretudo no Brasil. Porém, o desenvolvimento deve continuar e ainda há muito o que fazer. Nesse sentido, muito tem-se realizado e discutido sobre o tema e pode-se dizer que um fato de central importância para os avanços atuais comentados anteriormente foi o que ocorreu em 2011. Naquele ano, o

Conselho Federal de Psicologia instituiu o Ano Temático da Avaliação Psicológica, sendo dadas ali as diretrizes para os desenvolvimentos ocorridos nos anos a seguir, que culminaram nas atualizações de diversas Resoluções sobre o tema.

Não é possível prever o futuro da avaliação psicológica no Brasil, mas o estudo do passado certamente pode auxiliar a compreender o estado atual e indicar alguns possíveis passos futuros. Por exemplo, em acréscimo às contribuições de Pasquali e Alchieri (2001), não seria exagero propor mais um período para explicar a história da área, relacionando os fatos ocorridos desde 2003 até o presente momento. O fato é que a preocupação crescente com a formação na área parece estar no cerne da continuidade dos desenvolvimentos até então observados, considerando que profissionais bem formados poderão optar por instrumentos e técnicas de forma mais crítica, utilizá-los de forma mais responsável e contribuir para que a psicologia como ciência e profissão continue se desenvolvendo, tanto do ponto de vista técnico quanto ético. Talvez, no futuro, um novo capítulo da história possa ser escrito tendo como ponto de partida o reconhecimento da Avaliação Psicológica como especialidade na psicologia brasileira.

QUESTÕES:

1. Por que os testes psicológicos foram importantes para o desenvolvimento científico da psicologia?

2. Explique o conceito de quoeficiente intelectual (QI).

3. Por que houve o interesse inicial dos pesquisadores sobre os processos psicológicos básicos?

4. Descreva brevemente os critérios mínimos da qualidade de testes psicológicos, segundo a Resolução nº 009/2018.

5. Por que pode ser perigoso a utilização de testes que não se enquadrem nos critérios mínimos de qualidade?

REFERÊNCIAS

AMENDOLA, M. F. *Panorama da história dos testes psicológicos no Brasil.* 2011. Disponível em: <www.canalpsi.psc.br/artigos/artigo12.htm>. Acesso em: 01 Set. 2019.

ANASTASI, A. *Testes psicológicos.* 2. ed.. São Paulo: EPU, 1977.

ANDRIOLA, N. B. Avaliação Psicológica no Brasil: considerações a respeito da formação dos psicólogos e dos instrumentos utilizados. *Psique*, v. 6, n. 2, p. 99-108, 1996.

BARCLAY, J. R. *Psychological Assessment*: a theory and systems approach. Malabar: Krieger, 1991.

BORSA, J. C. Considerações sobre a formação e a prática em Avaliação Psicológica no Brasil. *Temas em Psicologia*, v. 24, n. 1, p. 131-143, 2016.

CARROLL, J. B. *Human cognitive abilities*: a survey of factor-analytic studies. New York: Cambridge University, 1993.

CATTELL, R. B. A culture-free intelligence test. *Journal of Educational Psychology*, v. 31, p. 162-179, 1940.

CATTELL, R. B. *Abilities, their structure, growth, and action.* Boston: Houghton Mifflin, 1971.

CONSELHO FEDERAL DE PSICOLOGIA (CFP). *Resolução n.º 002/2003. Define e regulamenta o uso, a elaboração e a comercialização de testes psicológicos e revoga a Resolução CFP nº 025/2001.* 2003. Disponível em: <https://site.cfp.org.br/wp-content/uploads/2012/05/resoluxo022003.pdf>. Acesso em: 01 Set. 2019.

CONSELHO FEDERAL DE PSICOLOGIA (CFP). *Resolução nº 9, de 25 de abril de 2018. Estabelece diretrizes para a realização de Avaliação Psicológica no exercício profissional da psicóloga e do psicólogo, regulamenta o Sistema de Avaliação de Testes Psicológicos - SATEPSI e revoga as Resoluções nº 002/2003, nº 006/2004 e nº 005/2012 e Notas Técnicas nº 01/2017 e 02/2017.* 2018. Disponível em: <http://satepsi.cfp.org.br/docs/Resolu%C3%A7%C3%A3o-CFP-n%-C2%BA-09-2018-com-anexo.pdf>. Acesso em: 01 Set. 2019.

COORDENAÇÃO DE APERFEIÇOAMENTO DE PESSOAL DE NÍVEL SUPERIOR (CAPES) *Relatório da avaliação quadrienal 2017 – Psicologia.* 2017. Disponível em: <http://www.capes.gov.br/images/documentos/Relatorios_quadrienal_2017/20122017-Psicologia_relatorio-de-avaliacao-2017_final.pdf>. Acesso em: 01 Set. 2019.

DUBOIS, P. H. *A history of psychological testing.* Boston: Allyn & Bacon, 1970.

FANCHER, R. *The intelligence men*: makers of the IQ controversy. Nova Iorque: Norton, 1985.

GOMES, W. B. Pesquisa e práticas em Psicologia no Brasil. In: YAMAMOTO, O. H.; GOUVEIA, V. V. (Orgs.). *Construindo a Psicologia Brasileira*: desafios da ciência e prática psicológica. São Paulo: Casa do Psicólogo, 2003. p. 23-59.

HORN, J. L. Measurement of intellectual capabilities: a review of theory. In: MCGREW, K. S; WERDER J. S.; WOODCOCK, R. W. (Orgs.), *Woodcock-Johnson Technical Manual*. Chicago: Riverside, 1991, p. 197-232.

HUTZ, C. S.; BANDEIRA, D. R. Avaliação Psicológica no Brasil: situação atual e desafios para o futuro. In: YAMAMOTO, O. H.; GOUVEIA, V. V. (Orgs.). *Construindo a Psicologia Brasileira*: desafios da ciência e prática psicológica. São Paulo: Casa do Psicólogo, 2003. p. 261-175.

LOGAN, T. P. *Introdução à prática de testes psicológicos*. Rio de Janeiro: LTC, 2006.

MCREYNOLDS, P. History of assessment in clinical and educational setting. In: Nelson, R. O.; Hayes, S. C. (Orgs.). *Conceptual foundations of behavioral assessment*. Nova Iorque: Guilford, 1996. p. 42-80.

NORONHA, A. P. P.; REPPOLD, C. T. Considerações sobre a Avaliação Psicológica no Brasil. *Psicologia: Ciência e Profissão*, v. 30 (num. esp.), 192-201, 2010. Disponível em: <http://www.scielo.br/pdf/pcp/v30nspe/v30speca09.pdf>. Acesso em: 01 Set. 2019.

NORONHA, A. P. P. et al. Em defesa da avaliação psicológica. *Avaliação Psicológica*, v. 1, 173-174, 2002.

NUNES, M. F. O. et al. Diretrizes para o ensino da avaliação psicológica. *Avaliação Psicológica*, v. 11, n. 2, 309-316, 2012. Disponível em: <http://pepsic.bvsalud.org/pdf/avp/v11n2/v11n2a16.pdf>. Acesso em: 01 Set. 2019.

PADILHA, S.; NORONHA, A. P. P.; FAGAN, C. Z. Instrumento de avaliação psicológica: uso e parecer de psicólogos. *Avaliação Psicológica,* v. 6, n. 1, 69-76, 2007.

PASQUALI, L.; ALCHIERI, J. C. Os testes psicológicos no Brasil. In: PASQUALI, L. (Org). *Técnicas de Exame Psicológico – TEP*: fundamentos de técnicas psicológicas. São Paulo: Casa do Psicólogo, 2001. p. 195-221.

PEREIRA, F. M.; PEREIRA NETO, A. O psicólogo no Brasil: notas sobre seu processo de profissionalização. *Psicologia em Estudo*, v. 8, n. 2, 19-27, 2003.

PRIMI, R. Avaliação Psicológica no Brasil: fundamentos, situação atual e direções para o futuro. *Psicologia: Teoria e Pesquisa,* v. 26 (num. esp.), 25-36, 2010.

PRIMI, R. Avaliação psicológica no Século XXI: de onde viemos e para onde vamos. *Psicologia: Ciência e Profissão*, v. 38 (num. esp.), 87-97, 2018.

REPPOLD, C. T.; NORONHA, A. P. P. Impacto dos 15 anos do Satepsi na Avaliação Psicológica Brasileira. *Psicologia: Ciência e Profissão*, v. 38 (num. esp.), 6-15, 2018.

RIBEIRO, I. S. *Mudanças no desempenho e na estrutura das aptidões*: contributos para o estudo da diferenciação cognitiva em jovens. Braga: Universidade do Minho, 1998.

RUEDA, F. J. M.; ZANINI, D. S. O que muda com a Resolução CFP nº 09/2018? *Psicologia: Ciência e Profissão*, v. 38 (num. esp.), 16-27, 2018.

STERNBERG, R. J. *Psicologia Cognitiva*. Porto Alegre: Artmed, 2000.

URBINA, A. *Fundamentos da testagem psicológicos*. Porto Alegre: Artmed, 2007.

VAN KOLCK, O. L. *Técnicas de exame psicológico e suas aplicações no Brasil*. Petrópolis: Vozes, 1981.

CAPÍTULO 2

PANORAMA ATUAL DOS TESTES PSICOLÓGICOS NO BRASIL DE 2003 A 2019

Sílvia Verônica Pacanaro
Gisele Aparecida da Silva Alves
Ivan Sant'Ana Rabelo
Irene F. Almeida de Sá Leme
Rodolfo A. M. Ambiel

Sabe-se que o uso de testes psicológicos, juntamente com a investigação de outros dados, integra o processo de avaliação psicológica. Pasquali (2001) define os testes como um conjunto de tarefas predeterminadas que o sujeito precisa realizar em uma determinada situação na qual resultam em alguma forma de medida. Posteriormente, Urbina (2007) descreveu os testes como procedimentos para a obtenção de amostras de comportamentos e respostas de indivíduos com o objetivo de descrever e/ou mensurar características e processos psicológicos, compreendidos tradicionalmente nas áreas emoção/afeto, cognição/inteligência, motivação, personalidade, psicomotricidade, atenção, memória, percepção, dentre outras.

Destaca-se que nas primeiras cinco décadas do século XX os testes psicológicos, independentemente do seu tipo, rapidamente atenderam às necessidades da sociedade na época e foram inseridos no contexto militar, industrial e institucional. Assim, é pertinente lembrar que o progresso da ciência psicológica e o fortalecimento dos pilares básicos para o desenvolvimento dos testes colaboraram com a expansão de seu uso. Nas décadas de 60 e 70, houve largo descrédito na área de testagem psicológica, sendo que os instrumentos foram criticados e o seu uso diminuído e menosprezado na atuação do profissional de psicologia. Um dos motivos para esse movimento no Brasil foi a associação dos modelos de avaliação com a cultura técnica norte-americana (Pasquali; Alchieri, 2001). No final dos anos 80 ocorreu o surgimento de processos judiciais em decorrência de decisões referentes ao psicotécnico na área da seleção, bem como a descrença da prática de alguns psicólogos despreparados para a utilização de testes psicológicos.

Desde então, ocorreram alguns movimentos para que fossem criadas soluções para a melhoria da qualidade dos serviços relativos à área de avaliação psicológica, como a criação da Comissão Nacional sobre Testes, em 1980, bem como sua segunda edição em 1986; o surgimento da Câmara Interinstitucional de Avaliação Psicológica em 1997; a criação do Manual para Avaliação Psicológica de candidatos à Carteira Nacional de Habilitação e condutores de veículos automotores em 2000; as Resoluções que regulamentaram a ação profissional no tocante aos laudos e aos instrumentos de avaliação psicológica em 2001; e a Resolução nº 002/2003 do Conselho Federal de Psicologia (CFP), recentemente atualizada para a Resolução nº 009/2018, que divulgou os requisitos mínimos e obrigatórios que os instrumentos psicológicos precisariam ter para o uso profissional adequado (Noronha; Primi; Alchieri, 2004; CFP, 2018).

Também em 2003, o Conselho Federal de Psicologia (CFP) instituiu a Comissão Consultiva de Avaliação Psicológica (CCAP), que opera o Sistema de Avaliação dos Testes Psicológicos (SATEPSI), que tem como objetivo avaliar continuamente os testes psicológicos bem como regulamentar a área, analisar os requisitos mínimos dos instrumentos, alimentar as listas de testes favoráveis e desfavoráveis e divulgar essas informações para a comunidade (Reppold; Noronha, 2018). Essa Comissão é integrada por psicólogos convidados, de reconhecido saber em testagem psicológica, que analisam e emitem pareceres sobre os testes psicológicos. É importante salientar que **todos os instrumentos considerados psicológicos ou não, encaminhados para o Conselho Federal de Psicologia (CFP), passam por uma avaliação do SATEPSI.**

Com a ampliação da atuação dos profissionais e reivindicações da categoria, ocorreram novas atualizações das Resoluções, principalmente no que tange a área dos testes psicológicos. A Resolução nº 009/2018, estabelece diretrizes para a realização de Avaliação Psicológica no exercício profissional do (a) psicólogo (a); regulamenta o SATEPSI e revoga as Resoluções n° 002/2003, n° 006/2004 e n° 005/2012 e as Notas Técnicas n° 01/2017 e 02/2017.

É importante assinalar que a Resolução n° 009/2018 apresenta avanços em relação às respectivas Resoluções e Notas Técnicas anteriores na medida em que especifica mais detalhadamente os critérios mínimos considerados adequados na elaboração e obtenção de evidências de validade e fidedignidade de um teste psicológico. A partir de uma constante consulta às diretrizes (*Guidelines*) do *International Test Comission*, bem como aos *Standards for Educational and Psychological Testing* (AERA, 2014), buscou-se critérios psicométricos alinhados aos avanços técnicos científicos da área, considerando, no entanto, que a área possui muitas especificidades. Segundo a *American Educational Research Association* (AERA, 2014) o processo de aplicação de testes seria um dos recursos utilizados no processo de avaliações. Ressalta que, quando um teste é bem construído, passando pelos critérios mínimos de avaliação, são desenvolvidos e válidos para seus propósitos pretendidos, têm potencial de oferecer benefícios efetivos para avaliadores e avaliados. O uso adequado dos instrumentos pode resultar em melhores decisões para os indivíduos do que resultaria sem seu uso. Por outro lado, o uso inapropriado dos testes pode causar prejuízos para os avaliados, durante o processo de avaliação e para o próprio profissional.

Algumas áreas de aplicação da avaliação psicológica estão em amplo desenvolvimento, enquanto outras áreas como, por exemplo, avaliação psicológica de pessoas com necessidades especiais e pessoas com baixo nível educacional, ainda são incipientes (ANDRADE; VALENTINI, 2018). Nesse aspecto o Conselho Federal de Psicologia publicou recentemente a Nota Técnica n° 04/2019 na qual orienta psicólogas (os), pesquisadoras (es), editoras e laboratórios responsáveis sobre a importância de pesquisas para construção, adaptação e estudos de equivalência de testes psicológicos para pessoas com deficiência, com o objetivo de proporcionar acessibilidade aos materiais dos testes para esse grupo.

Cabe mencionar que as atualizações propostas na Resolução n° 009/2018 foram originadas a partir de uma ampla discussão com as entidades brasileiras da área da avaliação psicológica durante alguns anos, bem como resultante do constante trabalho do CFP de aprimoramento e incorporação de melhorias do Satepsi sugeridas e debatidas em diferentes fóruns científicos.

Outro ponto a ser destacado na Resolução nº 009/2018 diz respeito à submissão ao Satepsi de versões equivalentes de testes psicológicos aprovados (informatizados e não informatizados), bem como a atualização das normas e dos estudos de evidências de validade dos testes psicológicos. O Artº. 18 da Resolução considera versão equivalente de um teste psicológico aquela com formato diferente de aplicação descrita na versão inicial do teste aprovado pelo Satepsi. Outra mudança nessa mesma Resolução menciona o prazo para atualizações de normas e estudos de evidência de validade. O Artº. 14 estipula que os estudos de evidências de validade, precisão e normas dos testes psicológicos terão prazo máximo de 15 anos, a contar da data da aprovação do teste psicológico pela Plenária do CFP. Anteriormente, na Resolução nº 002/2003, alterada pelas Resoluções nº 006/2004 e Resolução nº 005/2012, os dados empíricos das propriedades dos testes deveriam ser revisados periodicamente, não podendo o intervalo entre um estudo e outro ultrapassar 15 anos para os dados referentes à padronização, e 20 anos para os dados referentes à validade e precisão.

No mesmo artigo, parágrafo §2º, menciona que os testes com parecer favorável no SATEPSI com data anterior à publicação dessa Resolução terão sua vigência mantida para os estudos de validade de 20 anos e para normas de 15 anos. E ainda, em seu parágrafo §3º informa que "(...) não sendo apresentada a revisão no prazo estabelecido no caput deste artigo, o teste psicológico perderá a condição de uso e será excluído da relação de testes com parecer favorável pelo SATEPSI" (CFP, 2018, p. 8).

Nessa mesma Resolução é advertido em seu Artº. 15 que a responsabilidade pela submissão dos estudos de validade, precisão e de atualização de normas dos testes psicológicos ao SATEPSI, "(...) será do responsável técnico pelo teste ou psicólogo (a) legalmente constituído" (CFP, 2018, p. 8).

Outra questão destacada nessa Resolução se refere à justiça e proteção dos direitos humanos no processo de avaliação psicológica. Por exemplo, no Art. nº 31 é assinalado que é vedado a(o) psicólogo(a): a) realizar atividades que caracterizem negligência, preconceito, exploração, violência, crueldade ou opressão; b) induzir a convicções políticas, filosóficas, morais, ideológicas, religiosas, raciais, de orientação sexual e identidade de gênero; e c) favorecer o uso de conhecimento da ciência psicológica e normatizar a utilização de práticas psicológicas como instrumentos de castigo, tortura ou qualquer forma de violência.

Ainda sobre as atualizações apresentadas pela nova Resolução nº 009/2018, pode-se destacar a inclusão de um recurso adicional no processo de avaliação psicológica. O profissional poderá utilizar "fontes complementares", que se constituem de técnicas e instrumentos não psicológicos com respaldo da literatura científica da área, observância ao Código de Ética e as garantias da legislação da profissão, além de documentos técnicos, tais como protocolos ou relatórios de equipes multiprofissionais. Esses recursos complementares servem de ferramentas auxiliares que podem possibilitar maior segurança por parte dos profissionais ao realizarem o processo de avaliação.

A partir da Resolução nº 002/2003, substituída pela Resolução nº 009/2018, foram definidos com um pouco mais de clareza os requisitos mínimos e obrigatórios que os instrumentos psicológicos precisam ter para o uso profissional adequado. Entre os principais requisitos, pode-se mencionar:

- Apresentação da fundamentação teórica do instrumento, com especial ênfase na definição do construto;
- Apresentação de evidências empíricas de validade e precisão das interpretações propostas para os escores do teste, justificando os procedimentos específicos adotados na investigação;
- Apresentação de dados empíricos sobre as propriedades psicométricas dos itens do instrumento;
- Informações sobre os procedimentos de correção e interpretação dos resultados, com detalhamento das características da amostra de padronização de maneira clara e exaustiva, preferencialmente comparando com estimativas nacionais, possibilitando o julgamento do nível de representatividade do grupo de referência usado para a transformação dos escores em normas brasileiras;
- Apresentação clara sobre os procedimentos de aplicação e correção, bem como as condições nas quais o teste deve ser aplicado, para que haja a garantia da uniformidade dos procedimentos envolvidos na sua aplicação.

Após o recebimento do instrumento pela CCAP, o trâmite envolve alguns procedimentos internos, tais como o recebimento do material a ser analisado; a análise propriamente dita; a avaliação; a comunicação da avaliação aos requerentes, com prazo para recurso; análise de recurso e avaliação final. Segundo a Resolução nº 009/2018, um instrumento psicológico é considerado favorável quando, por decisão do Plenário do CFP o teste é considerado em condições de uso, por ter atendido os requisitos mínimos para a comercialização de um teste psicológico, ou o parecer emitido será desfavorável quando a análise indicar que o teste não apresenta as condições mínimas para uso. Nesse caso, o parecer deverá especificar as razões da reprovação, bem como as orientações futuras para mudanças e melhorias nos procedimentos para uso do instrumento. Após a revisão e reformulação, o pesquisador poderá reapresentar o material a qualquer tempo e todos os procedimentos de análise serão seguidos novamente.

Sobre a quantidade de testes psicológicos comercializados atualmente, o *Buros Institute of Mental Measurements* fornece aos profissionais interessados, por meio de sua página virtual, informações acerca de testes publicados e comercializados, disponíveis em inglês. Essas informações incluem área de aplicação, dados da editora responsável pela publicação e comercialização dos testes, ano de publicação, autores, título dos testes, acrônimos e revisões disponíveis. Noronha e Reppold (2010) relataram que em 2002, foi possível identificar aproximadamente 2000 títulos disponíveis nesta base de dados. Em 2011, a página inicial da base de dados relatava mais de 3500 testes disponíveis para consulta, enquanto que em 2019, esse número já havia superado a marca de 4300 testes.

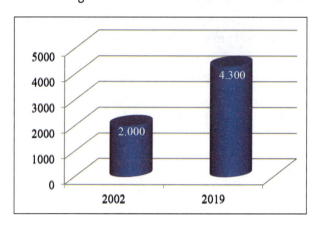

Figura 1 - Quantidade de testes psicológicos em língua inglesa comercializados segundo Buros Institute of Mental Measurements

O SATEPSI, apresenta a lista completa dos testes, com informação de título do teste, ano de publicação, requerente (quem submeteu o teste à avaliação do CFP), datas de recepção, análise, avaliação e recurso e avaliação final com o resultado da apreciação. Na época de sua criação, a lista contava com cerca de 30 instrumentos com pareceres favoráveis para uso. Os resultados de um levantamento realizado no mês de abril de 2011 demonstraram que até essa data, 121 instrumentos psicológicos aprovados constavam no sistema, sendo que um instrumento que ainda aparecia como aprovado passou recentemente para a classificação desfavorável.

Dos 120 aprovados, 33 são instrumentos para avaliação cognitiva, que contempla inteligência, funções executivas e raciocínio, 27 para avaliação da personalidade, 16 instrumentos para avaliação da atenção, 6 para avaliação de memória, 6 instrumentos para avaliação de interesses profissionais, 4 para avaliação das habilidades sociais, 4 para avaliação do estresse, 3 para o contexto familiar, 3 para criatividade, 2 para a avaliação da agressividade, 2 para a avaliação da depressão e 1 instrumento para cada tema referenciado a seguir (categoria "Outros"): destreza, autoconceito, autocontrole, assertividade, avaliação ocupacional, saúde geral, expressão de raiva, lateralidade, avaliação viso-motor, expectativa acerca do álcool, TDAH, ansiedade e ideação suicida.

Um novo levantamento foi realizado pelos autores deste capítulo que apontou, até o mês de fevereiro de 2019, 154 instrumentos psicológicos aprovados constando no sistema do SATEPSI.

Figura 2 - Quantidade de testes psicológicos com parecer favorável no Brasil, conforme consulta ao SATEPSI em fevereiro/2019

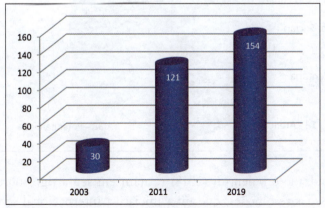

Desses 154 instrumentos aprovados, 44 são instrumentos para avaliação cognitiva, que contempla inteligência, funções executivas e raciocínio, 38 para avaliação da personalidade, 18 instrumentos para avaliação de vários tipos de atenção, sendo que um instrumento aprovado é de aplicação online, 10 para a avaliação da memória, 8 para avaliação das habilidades sociais, 6 instrumentos para avaliação dos interesses profissionais, incluindo orientação e escolha profissional, em diversos contextos, 5 para o contexto familiar, incluindo suporte familiar e social, 4 para a avaliação da depressão, 3 para avaliação da agressividade, 2 para avaliação do estresse, 2 para criatividade, 2 para motivação, e 1 instrumento para cada tema referenciado a seguir (categoria "Outros"): destreza, autoconceito, autocontrole, avaliação ocupacional, lateralidade, avaliação viso-motor, psicopatia, pilotagem militar, impulsividade, empregabilidade, suporte laboral e pré-alfabetização. Pode-se observar um acréscimo dos instrumentos para avaliação da cognição, personalidade e atenção. Alguns instrumentos que não tiveram suas pesquisas atualizadas foram para a lista dos instrumentos "desfavoráveis" e outros também deixaram de ser comercializados.

Figura 3 - Tipos de testes psicológicos, segundo construto avaliado, conforme consulta ao SATEPSI em fevereiro/2019

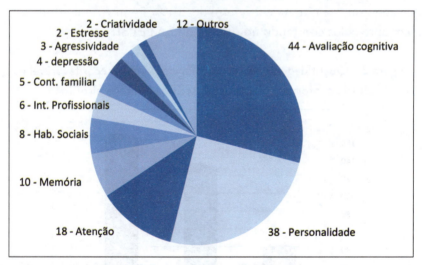

Andrade e Valentini (2018) relatam em seu artigo sobre as atualizações das resoluções, que uma iniciativa internacional semelhante ao Satepsi é a do *Consensus-based Standards for the selec-tion of health Measurement INstruments* (Cosmin). São propostos aspectos relacionados ao referencial teórico no qual os pesquisadores se basearam para construir e/ou avaliar a qualidade de instrumentos de medida na área da saúde. Seu uso é recomendado para revisões sistemáticas de instrumentos de medida, seleção de instrumentos de medida, identificação da necessidade de mais estudos sobre as propriedades de medida dos instrumentos, elaboração de estudos sobre propriedades de medida, avaliar a qualidade de manuscritos sobre instrumentos de medida submetidos para publicação, entre outros. Essa categoria apresenta uma lista de itens a serem analisados e organizados em 12 seções, sendo eles: A – Consistência interna, B – Fidedignidade, C – Erro de mensuração, D – Validade de Conteúdo, E – Validade estrutural, F – Testagem de Hipóteses, G – Validade Transcultural, H – Validade de critério e I – Responsividade. A seção J se refere aos estudos de interpretabilidade. A seção seguinte (TRI) se refere a estudos realizados com auxílio da Teoria de Resposta ao Item (TRI). Por fim, a última seção (Generalização) apresenta os requisitos para avaliação da possibilidade de generalização dos resultados para outras amostras e população de uma forma geral (MOKKINK et al., 2010; 2012).

Durante muito tempo no Brasil foi utilizada uma grande quantidade de instrumentos produzidos em outros países, ocorrendo em alguns casos, uma tradução sem os cuidados necessários, sendo utilizadas tabelas de normas estrangeiras que levavam a resultados e conclusões errôneas (DUARTE; MIYAZAKI; CICONELLI; SESSO, 2003). Com a implementação do SATEPSI, juntamente com outros órgãos do Conselho Federal de Psicologia, buscou-se mudar essa realidade por meio do estabelecimento de padrões para os testes e, indiretamente, para a prática em avaliação, ao impedir que instrumentos sem o devido reconhecimento científico fossem utilizados profissionalmente. Este sistema, apesar de algumas controvérsias, estimulou o desenvolvimento de pesquisas, tanto por parte da comunidade de pesquisadores, quanto pelas editoras, que passaram a atender a uma série de exigências técnicas antes de disponibilizarem instrumentos psicológicos para comercialização.

Primi e Nunes (2010) relatam que o SATEPSI, ao longo dos anos de sua existência, foi gradativamente ganhando a aceitação dos profissionais e os psicólogos foram compreendendo as propostas e os objetivos desse sistema. Entre outras coisas, o sistema também provocou o aumento na qualidade dos manuais de testes, que atualmente são bem mais completos e detalhados do que há dez anos.

O Departamento de Pesquisa e Produção de Testes da Editora Casa do Psicólogo realizou um levantamento referente a artigos publicados sobre o tema "avaliação psicológica", após a Resolução nº 02/2003. Foi consultada a base de dados do Periódicos Eletrônicos em Psicologia (PEPSIC), mencionando a palavra-chave "avaliação psicológica", e foram registrados todos os artigos que continham esta informação. Do total que apareceu nessa base de dados, 148 registros não possuíam o estabelecimento do período e 139 publicações foram realizadas após o ano de 2003. O ano de 2008 foi o que obteve mais publicações (N=35), seguido de 2007 (N=25) e 2006 (N=24).

Foi observado também que as revistas que mais publicaram sobre o assunto foram: a Revista Avaliação Psicológica, que obteve maior número de publicações (N=45), seguido da Revista Psico-USF (N=28). Diante deste levantamento, pôde-se constatar que após a Resolução de 2003, ocorreu um aumento nas publicações relacionadas à construção de instrumentos, estudos de evidências de validade e outras propriedades psicométricas, na busca de tornar os instrumentos mais seguros para a população estudada, bem como atualizações de pesquisas que realizem estudos para normas brasileiras. Seguindo esta mesma linha, uma nova pesquisa foi realizada pelos autores deste capítulo utilizando a fonte de pesquisa BVS-Psi – Periódicos Técnicos Científicos, inserindo a palavra "avaliação psicológica". Foram encontrados até março de 2019, 566 artigos contendo esta informação, sendo que após o ano de 2003 ocorreu um aumento nos números dos artigos publicados. De 2003 até o momento foram 433 publicações, sendo o ano de 2012 com um maior número de publicações (N=43).

Com o propósito de analisar o conhecimento dos estudantes do curso de psicologia no que se refere aos conteúdos relacionados à avaliação psicológica, foi realizado um estudo por Noronha, Baldo, Barbin e Freitas (2003) com 180 alunos do 1º ao 5º ano do curso de psicologia, de uma instituição particular de ensino do interior do estado de São Paulo. A idade dos participantes variou de 17 a 51 anos (M=23,8; DP=7,2).

A pesquisa consistiu na aplicação de um instrumento contendo 45 itens, com questões dicotômicas, cujo objetivo era investigar quatro áreas de conhecimento, sendo estes, conceito de avaliação; conceito de instrumento de avaliação; uso de instrumento; e aprendizagem de instrumentos. O instrumento foi aplicado coletivamente e foram obtidos os seguintes resultados: os itens que faziam parte do instrumento que tiveram boas porcentagens de acerto foram: item 8 – a aprendizagem de testes deveria acontecer apenas no último ano do curso (97,2%); item 45 – os testes não servem para nada (96,9%); item 32 – os testes são realmente aprendidos na prática clínica (96,6%); itens 2 e 21, respectivamente – a avaliação psicológica pode ser utilizada em muitos contextos de atuação profissional, e os testes psicológicos são instrumentos pouco importantes na prática profissional do psicólogo (94,9%); item 20 – a entrevista e a observação são técnicas de avaliação (93,9%); item 41 – consigo aprender um teste pela leitura do manual (93,8%); item 42 – o psicólogo não deve usar testes, pois eles reduzem o homem a números (93,3%); e item 12 – a avaliação é um processo de coleta de dados (91,7%).

Os dados revelaram um melhor desempenho dos alunos que estavam no último ano quando comparados com os alunos do primeiro ano que nunca tiveram nenhum contato de instrução formal de avaliação, havendo diferença significativa entre os grupos em quase metade dos itens do instrumento. Observa-se ainda que entre os próprios estudantes de psicologia há um desconhecimento da prática e da importância em se utilizar a avaliação psicológica corretamente.

Neste sentido, Paula, Pereira e Nascimento (2007) realizaram um levantamento por meio de um questionário sobre a opinião dos alunos de psicologia a respeito da avaliação psicológica, principalmente sobre a utilização dos testes psicológicos. Participaram 358 alunos de psicologia que cursavam o último ano da graduação, pertencentes a quatro instituições, sendo uma pública e três particulares da cidade de Belo Horizonte. Quanto à idade dos participantes, 59 % deles tinham até 24 anos, 15 %, entre 25 e 26 anos, 25 % tinham mais de 26 anos e 1 % não relatou a idade.

O questionário era composto por 19 itens que contemplaram as seguintes informações: formação acadêmica, articulação entre teoria e prática na graduação e identificação dos problemas mais frequentes no uso dos testes psicológicos. No que se refere aos instrumentos aprendidos durante a graduação, os mais citados foram a Escala de Inteligência Wechsler para Crianças – WISC (N=259), seguido do Desenho da Figura Humana – DFH (N=204) e as Matrizes Progressivas de Raven (N=194) e os menos citados foram o Teste de Atenção Concentrada – D2 (93), Figuras Complexas de Rey (N=95) e o Teste não-verbal de inteligência R1 (N=100). Os instrumentos WISC e Matrizes Progressivas de Raven também foram os mais citados como utilizados nos estágios, bem como o HTP (casa, árvore e pessoa).

Dos instrumentos informados como os mais citados, todos estão aprovados pelo CFP, exceto o Teste do Desenho Wartegg e o DFH de *Goodenough-Harris*, o que indica que as universidades também procuram escolher instrumentos que contenham informações relacionadas à normatização, padronização, validade e precisão. Também foram verificadas informações sobre os pontos positivos e negativos dos aspectos da formação acadêmica na área da avaliação psicológica, sendo que os mais citados como pontos positivos foram a capacitação profissional dos professores e o conhecimento sobre as técnicas e os testes ensinados.

Sobre os pontos negativos, os mais mencionados foram insuficiência de informações no conteúdo do ensino e nos números de disciplinas ofertadas. No que se refere ao conhecimento dos alunos sobre a Resolução nº 002/2003 do CFP (atual 09/2018), o estudo indicou que 83% dos alunos desconheciam esta Resolução, o que é preocupante, pois muitos destes alunos já estão trabalhando em diversas áreas da psicologia. Conclui-se neste estudo **uma grande necessidade de aperfeiçoamento da formação acadêmica do psicólogo, visando à aquisição de habilidades suficientes para capacitá-lo ao exercício profissional de melhor qualidade na área em questão**.

Joly, Silva, Nunes e Sousa (2007) investigaram a produção científica de assuntos relacionados à avaliação psicológica pesquisando os resumos de painéis publicados nos Anais dos Congressos Brasileiros de Avaliação Psicológica, nos anos de 2003, 2005 e 2007. Esses resumos estavam disponíveis em CD e a amostra foi composta por 934 resumos de diversas áreas, sendo 264 do primeiro congresso (2003), 322 do segundo (2005) e 348 do terceiro (2007).

Os painéis foram analisados com base em alguns critérios, a saber, tipo de estudo (psicométrico, de aplicação e descritivo); tipo de pesquisa (documental, empírica, revisão bibliográfica, estudo de levantamento, estudo de caso); quantidade e sexo dos autores; tipo de instituição às quais os autores estavam vinculados (universidades públicas, particulares, institutos de pesquisa ou empresas); região do país nas quais os autores atuam; procedimento de avaliação adotado (teste, entrevista, observação, misto); área de aplicação; nome do construto avaliado; tamanho da amostra, faixa etária e tipo de grupo (estudantes, profissionais ou pessoas institucionalizadas, com e sem distúrbio psicológico diagnosticado); nome, tipo do instrumento utilizado (projetivo, objetivo ou mais de um) e tipo de aplicação (lápis e papel, informatizado, relato verbal); se inclui os seguintes estudos psicométricos: validade (que tipo), precisão (que tipo), adaptação, normatização e padronização; e procedimento de análise utilizado (qualitativo, quantitativo ou ambos). Destacam-se alguns itens relevantes e observa-se que no ano de 2007 ocorreu um aumento nas publicações de 37,2%. Sobre os autores dos resumos, houve uma predominância na participação do gênero feminino, havendo um total de 873, em comparação com 492 homens.

No que se refere às distribuições de estudos por regiões e ano de congresso, percebeu-se uma maior participação da região Sudeste (64%) em todos os anos avaliados. Observou-se também que os anos de 2005 e 2007 concentraram mais pesquisas envolvendo adultos e crianças, com relevância estatística (22 [12] = 142,539; $p < 0,001$).

Foi observado que a utilização de testes obteve uma grande prevalência nas técnicas utilizadas e, no ano de 2007, optou-se por uma maior utilização de instrumentos do tipo Lápis e Papel com 71,8% quando comparado aos demais anos. Além disso, observa-se que em um número significativo de resumos do congresso de 2003 (34,5%) não constava essa informação, e que isso foi diminuindo ao longo dos outros anos.

Houve diferenças altamente significativas entre os tipos dos instrumentos utilizados em função dos anos dos congressos (22 [10] = 193, 110; $p < 0,001$), de modo que houve prevalência pela utilização de instrumentos objetivos em todos os anos do Congresso, sendo que em 2007 essa prevalência foi de 78,4%. No que se refere aos instrumentos mais utilizados nas apresentações dos painéis, pode-se mencionar o Rorschach (N=25), seguido do WISC (n=12) e Bender (N=11), que avaliam respectivamente personalidade, inteligência e psicomotricidade, como os mais citados nos resumos.

Quanto a teses e dissertações disponíveis na Base de Dados da Biblioteca Virtual em Psicologia Brasil (BVS-Psi Brasil), Joly, Berberian, Andrade e Teixeira (2010) realizaram um levantamento utilizando as seguintes palavras chaves: avaliação psicológica, psicometria, validade, precisão e testes psicológicos, sendo a busca realizada até setembro de 2007. Obteve-se um total de 141 resumos referentes à pesquisa realizada. As análises de frequências dos resumos revelaram que 54,6% eram dissertações de mestrado, 43,3%, teses de doutorado, e 2,1% eram teses de pós-doutorado, sendo que 19,15% estudos foram defendidos em universidades da Região Sul do País, 80,14% no Sudeste, e 0,71%, no Nordeste.

No que se refere ao gênero das autorias desses trabalhos, observou-se que 88,9% eram do sexo feminino. Desses estudos, 66,7% foram realizados em universidades públicas e 33,3%, em universidades privadas.

Nesse estudo foi verificado também o tipo de construto estudado, revelando que os construtos personalidade e inteligência ainda permaneceram como os mais pesquisados conforme destacado também na pesquisa anterior, sendo que a análise de frequência da área de aplicação em que os instrumentos desenvolvidos ou utilizados podem ser empregados revelou que a área clínica (26,3%) foi a que mais teve estudos direcionados, seguida pela área de psicologia escolar e educacional (25,6%).

Alves, Alchieri e Marques (2002) relatam uma crítica atribuída aos testes psicológicos que se refere à função de rotular o examinando durante o processo de avaliação. Diante disso, **vale ressaltar que o uso de testes deve ser considerado como ferramentas integrantes do processo de avaliação psicológica e que nunca devem ser utilizados de forma isolada, bem como o fato de que os resultados oriundos da testagem devem ser comparados a normas criadas para aquela população e contexto específicos**. Complementando, há a argumentação de Noronha et al (2003) sobre a escolha de um instrumento de avaliação. As autoras insistem na importância de se respeitar a idade, o sexo e a referência a normas peculiares à população avaliada. Ao lado disso, para que os testes sejam úteis e eficientes, devem passar por processos que comprovem suas qualidades psicométricas e também atender a especificações que garantam o reconhecimento e a credibilidade por parte da sociedade e da comunidade científica.

Reppold e Noronha (2018) realizaram um levantamento sobre os 15 anos de existência do Satepsi e relatam que a mudança mais importante observada ao longo desse tempo foi o resgate da credibilidade do uso de testes psicológicos no país e o aumento do interesse dos psicólogos no domínio dos preceitos e técnicas da área.

Outras mudanças significativas também ocorreram com o intuito de melhorar não somente a questão do processo de avaliação psicológica e da utilização dos testes psicológicos, como também a proposição das Diretrizes Curriculares Nacionais (DCN) para os cursos de Psicologia, que regem a formação dos estudantes desses cursos, regulamentações sobre os testes psicológicos, ampliação das pesquisas científicas com os instrumentos de medida, o que acarretou a melhora na qualidade dos instrumentos disponíveis; o crescimento dos grupos de pesquisa interessados nos campos da avaliação psicológica e da psicometria; a construção e/ou adaptação de testes psicológicos e novos modelos teórico-metodológicos relacionados à avaliação psicológica.

Nesse período também foi publicada a Resolução nº 06/2019 (que revogou a Resolução nº 07/2003), que instituiu o Manual de elaboração de documentos escritos produzidos pelo psicólogo, decorrentes de avaliação psicológica. Surgiu ainda, entre junho de 2007 e novembro de 2013, a publicação de Cartilhas sobre a Avaliação Psicológica.

Com a publicação do relatório intitulado *Avaliação Psicológica: Diretrizes na Regulamentação da Profissão*, por meio do registro de debates produzidos sobre a operacionalização do Satepsi, a CCAP ressaltou seu compromisso com a construção de políticas comprometidas com o rigor científico e ético e com as demandas sociais. O texto promoveu interlocuções com profissionais que realizam avaliação psicológica em diversos contextos, enfatizando o empenho da área em assegurar o respeito aos Direitos Humanos nas situações avaliativas e serviu como referência para psicólogos que estão realizando avaliações nos vários campos da psicologia.

Destaque também para a ação realizada pelo CFP que instituiu o ano de 2012 como o "Ano Temático da Avaliação Psicológica". Essa ação foi uma proposição da Assembleia das Políticas da Administração e das Finanças (APAF), instância deliberativa do Sistema Conselhos de Psicologia, que reúne todos os Conselhos Regionais e o Conselho Federal, e teve como objetivo envolver psicólogos de todas as regiões do país em discussões sobre a complexidade do processo de avaliação psicológica, a agenda dos Direitos Humanos na qualificação da área e os princípios éticos e técnicos que devem reger as práticas profissionais. Houve ainda a campanha publicitária intitulada "A banalização dos testes psicológicos prejudica toda sociedade", lançada em 2013 em uma parceria entre o CFP e o Fórum de Entidades Nacionais da Psicologia Brasileira, em razão da disseminação indiscriminada na mídia e divulgação de instrumentos considerados como privativos dos psicólogos. Essa campanha nacional teve como foco o uso responsável e ético dos instrumentos de avaliação psicológica. Sua adesão foi ampla em todo o território brasileiro e por instituições de diferentes naturezas.

Em março de 2019, durante a Assembleia das Políticas da Administração e das Finanças (APAF) que ocorreu em Brasília, a Avalição Psicológica foi reconhecida como especialidade em psicologia, um marco para a área, bem como a atualização das Diretrizes para Elaboração de Documentos Psicológicos – Resolução nº 06/2019 (revogando a Técnica nº 04/2019), na qual são disponibilizadas novas regras sobre a elaboração de documentos psicológicos, regulamentando aspectos referentes ao destino e envio de documentos, fatores relacionados à entrevista devolutiva e do Laudo Psicológico (documento elaborado pelo profissional após a realização do processo de avaliação psicológica).

Quanto à expansão de pesquisas relacionadas à testagem psicológica, ela pode ser decorrente também da Resolução nº 002/2003 (atualizada para a 09/2018), do Conselho Federal de Psicologia, pois há a partir dela a obrigatoriedade de estudos psicométricos para os testes psicológicos utilizados para fins profissionais. É importante salientar que durante as últimas décadas são percebidos avanços importantes na área e conforme destaca Gouveia (2009), não é possível mais pensar na área de avaliação psicológica como amadora, pois cada vez mais é necessária a preparação de um material de testagem de melhor qualidade, possibilitando estudos cada vez mais representativos dos parâmetros psicométricos.

Finalmente **destaca-se a necessidade de mostrar aos alunos ingressantes no curso de psicologia das diversas universidades brasileiras, a utilidade da avaliação psicológica e suas ramificações, pois há um mercado promissor nessa área.** Dessa forma, se faz necessário um conhecimento técnico e amplo a respeito da testagem e do processo de avaliação psicológica por parte do psicólogo, processo esse que norteará o profissional para a melhor forma de realização de uma intervenção.

QUESTÕES:

1. Nas décadas de 60 e 70, houve amplo descrédito na área de testagem psicológica, os instrumentos foram criticados e o seu uso diminuído e depreciado na atuação do profissional de psicologia. Aponte algum destes motivos para esse movimento no Brasil.

2. A partir da Resolução Nº 009/2018 do Conselho Federal de Psicologia, foram definidos com um pouco mais de clareza os requisitos mínimos e obrigatórios que os instrumentos psicológicos precisam ter para o uso profissional adequado. Descreva alguns destes principais requisitos.

3. Em 2003, o Conselho Federal de Psicologia (CFP) instituiu a Comissão Consultiva de Avaliação Psicológica, chamada de Sistema de Avaliação dos Testes Psicológicos (SATEPSI). Qual o objetivo principal dessa Comissão?

4. Sabendo-se que os dados empíricos das propriedades de um teste psicológico devem ser revisados periodicamente, indique o período (em anos) de regularidade de um teste quanto à padronização e validade/precisão segundo a Resolução nº 009/2018.

5. Algumas pesquisas relatam uma crítica atribuída aos testes psicológicos no que se refere à função do rótulo que será colocado no sujeito submetido ao processo de avaliação. Diante disso, explique quais os cuidados podem ser tomados para uma avaliação psicológica coesa.

REFERÊNCIAS

ANDRADE, J, M.; VALENTINI, F. Diretrizes para construção de testes psicológicos: a Resolução CFP nº 009/2018 em Destaque. *Psicologia: Ciência e Profissão*, v. 38 (num. esp.), p. 28-39, 2018.

AMERICAN EDUCATIONAL RESEARCH ASSOCIATION (AERA). *Standards for educational and psychological testing.* Washington, DC: American Psychological Association / National Councilon Measurement in Education, 2014.

ALVES, I. C. B.; ALCHIERI, J. C.; MARQUES, K. C. As técnicas de exame psicológico ensinadas nos cursos de graduação de acordo com os professores. *Psico-USF,* v. 7, n. 1, p. 77-88, 2001.

CONSELHO FEDERAL DE PSICOLOGIA (CFP). *Resolução n° 006/2004.* 2004. Disponível em: <http://www.pol.org.br/pol/export/si-tes/default/pol/legislacao/legislacaoDocumentos/resolucao2003_02.pdf/>. Acesso em: 01 Set. 2019.

CONSELHO FEDERAL DE PSICOLOGIA (CFP). *Resolução n.° 002/2003. Define e regulamenta o uso, a elaboração e a comercialização de testes psicológicos e revoga a Resolução CFP n° 025/2001.* 2003. Disponível em: <https://site.cfp.org.br/wp-content/uploads/2012/05/resoluxo022003.pdf>. Acesso em: 01 Set. 2019.

CONSELHO FEDERAL DE PSICOLOGIA (CFP). *Resolução n.° 007/2003. Institui o Manual de Elaboração de Documentos Escritos produzidos pelo psicólogo, decorrentes de avaliação psicológica e revoga a Resolução CFP ° 17/2002.* 2003. Disponível em: <https://site.cfp.org.br/wp-content/uploads/2003/06/re-solucao2003_7.pdf>. Acesso em: 01 Set. 2019.

CONSELHO FEDERAL DE PSICOLOGIA (CFP). *Resolução n° 006/2004. Altera a Resolução CFP n.° 002/2003.* 2004. Disponível em: <http://www.pol.org.br/pol/export/si-tes/default/pol/legislacao/legislacaoDocumentos/resolucao2003_02.pdf/>. Acesso em: 01 Set. 2019.

CONSELHO FEDERAL DE PSICOLOGIA (CFP). *Resolução n° 005/2012. Altera a Resolução CFP n.° 002/2003, que define e regulamenta o uso, a elaboração e a comercialização de testes psicológicos.* 2012. Disponível em: <https://site.cfp.org.br/wp-content/uploads/2012/03/Resolucao_CFP_005_12_1.pdf>. Acesso em: 01 Set. 2019.

CONSELHO FEDERAL DE PSICOLOGIA (CFP). *Nota Técnica n° 01/2017 – CFP Em 05 de maio de 2017. Altera a Nota Técnica n° 02/2016, que orienta psicólogos, editoras e laboratórios responsáveis pela utilização e comercialização de serviços, recursos e produtos psicológicos em ambiente virtual, em plataformas informatizadas.* 2017a. Disponível em: <https://site.cfp.org.br/wp-content/uplo-ads/2017/05/Nota-T%C3%A9cnica-n%C2%BA-01-2017-Plataformas-In-formatizadas-de-Testes-psicol%C3%B3gicos.pdf>. Acesso em: 01 Set. 2019.

CONSELHO FEDERAL DE PSICOLOGIA (CFP). *Nota Técnica n° 02/2017 – CFP. Orientação de atualização de normas de testes psicológicos.* 2017b. Disponível em: <https://site.cfp.org.br/wp-content/uploads/2017/05/Nota--T%C3%A9cnica-n%C2%BA-02-2017-Atualiza%C3%A7%C3%A3o-de--normas-de-testes-psicol%C3%B3gicos.pdf>. Acesso em: 01 Set. 2019.

CONSELHO FEDERAL DE PSICOLOGIA (CFP). *Resolução n° 9, de 25 de abril de 2018. Estabelece diretrizes para a realização de Avaliação Psicológica no exercício profissional da psicóloga e do psicólogo, regulamenta o Sistema de Avaliação de*

Testes Psicológicos - SATEPSI e revoga as Resoluções n° 002/2003, n° 006/2004 e n° 005/2012 e Notas Técnicas n° 01/2017 e 02/2017. 2018. Disponível em: <http://satepsi.cfp.org.br/docs/Resolu%C3%A7%C3%A3o-CFP-n%-C2%BA-09-2018-com-anexo.pdf>. Acesso em: 01 Set. 2019.

CONSELHO FEDERAL DE PSICOLOGIA (CFP). *Nota Técnica n.° 04/2019. Orienta psicólogas(os), pesquisadores, editoras e laboratórios responsáveis quanto às pesquisas para construção, adaptação e estudos de equivalência de testes psicológicos para pessoas com deficiência e altera a Nota Técnica "Construção, Adaptação e Validação de Instrumentos para Pessoas com Deficiência".* 2019. Disponível em: < https://site.cfp.org.br/wp-content/uploads/2019/04/Nota-T%C3%A9c-nica-04.2019-03.04.2019-FINAL.pdf>. Acesso em: 01 Set. 2019.

CONSELHO FEDERAL DE PSICOLOGIA (CFP). *Resolução n° 6, de 29 de março de 2019. Institui regras para a elaboração de documentos escritos produzidos pela(o) psicóloga(o) no exercício profissional e revoga a Resolução CFP n° 15/1996, a Resolução CFP n° 07/2003 e a Resolução CFP n° 04/2019.* 2019b. Disponível em: <http://www.in.gov.br/web/guest/materia/-/asset_publisher/Kujrw0TZC2Mb/content/id/69440957/do1-2019-04-01-resolucao-n-6-de-29-de-marco-de-2019-69440920>. Acesso em: 01 Set. 2019.

DUARTE, P. S.; MIYAZAKI, M. C. O. S.; CICONELLI, R. M.; SESSO, R. Tradução e adaptação cultural do instrumento de avaliação de qualidade de vida para pacientes renais crônicos (KDQOL-SF). *Revista da Associação Médica Brasileira,* v. 49, n.4, p. 375-81, 2003.

GOUVEIA, V. Avaliação Psicológica no Brasil: caminhos, desafios e possibilidades. *Psicologia em foco,* v. 2, n. 1, p. 110-119, 2009.

JOLY, M. C. R. A.; SILVA, M. C. R.; NUNES, M. F. O.; SOUSA, M. S. Análise da Produção Científica em Painéis dos Congressos Brasileiros de Avaliação Psicológica *Avaliação Psicológica,* v. 6, n. 2, p. 239-252, 2007.

JOLY, M. C. R. A.; BERBERIAN, A. A.; ANDRADE, R. G.; TEIXEIRA, T. C.. Análise de Teses e Dissertações em Avaliação Psicológica Disponíveis na BVS-PSI Brasil. *Psicologia Ciência e Profissão,* v. 30, n. 1, p. 174-187, 2010.

NORONHA, A. P. P.; REPPOLD, C. T. Considerações sobre a Avaliação Psicológica no Brasil. *Psicologia: Ciência e Profissão,* v. 30 (num. esp.), p. 192-201, 2010. Disponível em: <http://www.scielo.br/pdf/pcp/v30nspe/v30speca09.pdf>. Acesso em: 01 Set. 2019.

NORONHA, A. P. P.; BALDO, C. R.; BARBIN, P. F.; FREITAS, J. V.. Conhecimento em avaliação psicológica: um estudo com alunos de Psicologia. *Psicologia: Teoria e Prática,* v. 5, n. 2, p. 37-43, 2003.

NORONHA, A. P. P. et al Propriedades psicométricas apresentadas em manuais de testes de inteligência. *Psicologia em Estudo,* 8(1), 93-99, 2003.

NORONHA, A. P. P.; PRIMI, R.; ALCHIERI, J. C. Parâmetros psicométricos: uma análise de testes psicológicos comercializados no Brasil. *Psicologia: Ciência e Profissão,* v. 24, n. 4, p. 88-99, 2004.

MOKKINK, L. B. et al. The COSMIN checklist for evaluating the methodological quality of studies on measurement properties: A clarification on its content. *BMC Medical Research Methodology,* 2010.

OAKLAND, T. Ethics on assessment: International perspectives. *Anais do Congresso Brasileiro de Avaliação Psicológica.* São Paulo: IBAP, 2009.

PAULA, A. V.; PEREIRA, A. S.; NASCIMENTO, E. Opinião de alunos de psicologia sobre o ensino em avaliação psicológica. *Psico-USF,* v. 12, n. 1, p. 33-43. 2007.

PASQUALI, L. (Org.) Técnicas de exame psicológico – TEP. Manual. Vol. I: Fundamentos das técnicas psicológicas. São Paulo: Casa do Psicólogo, 2001.

PASQUALI, L.; ALCHIERI, J. C. Os testes psicológicos no Brasil. In: PASQUALI, L. (Org.) Técnicas de exame psicológico – TEP. Manual. Vol. I: Fundamentos das técnicas psicológicas. São Paulo: Casa do Psicólogo, 2001. P. 195-221.

PRIMI, R.,; NUNES, C. H. S. O Satepsi: desafios e propostas de aprimoramento. In: CONSELHO FEDERAL DE PSICOLOGIA (Org). *Avaliação psicológica*: diretrizes na regulamentação da profissão. Brasília: CFP, 2010. p. 129-148.

REPPOLD, C. T.; NORONHA, A. P. P. Impacto dos 15 anos do Satepsi na Avaliação Psicológica Brasileira. *Psicologia: Ciência e Profissão,* v. 38 (num. esp.), p. 6-15, 2018.

URBINA, A. *Fundamentos da testagem psicológicos.* Porto Alegre: Artmed, 2007.

CAPÍTULO 3

"E VIVERAM FELIZES PARA SEMPRE": A LONGA (E NECESSÁRIA) RELAÇÃO ENTRE PSICOLOGIA E ESTATÍSTICA

Rodolfo A. M. Ambiel
Josemberg Moura de Andrade
Lucas de Francisco Carvalho
Vicente Cassepp-Borges

Ao escolher um curso de psicologia, inevitavelmente, o estudante carrega consigo uma série de interesses e expectativas. É comum encontrar nos estudantes gosto por atividades diretamente ligadas ao contato e ajuda às pessoas e, não por acaso, a preferência por atuações psicológicas no contexto clínico é quase unânime entre os estudantes ingressantes (BUENO; LEMOS; TOMÉ, 2004; MEIRA; NUNES, 2005; NORONHA; AMBIEL, 2008). A ideia de que a psicologia é somente clínica, muito frequentemente compartilhada por pessoas leigas, tem sido flexibilizada e outras áreas têm ganhado destaque, tais como, por exemplo, escolar, organizacional, comunitária e hospitalar. Considerando a finalidade deste livro, qual seja, de apresentar conceitos básicos sobre avaliação e testes psicológicos, é importante grifar que, no bojo dessa "expansão social" da psicologia, desde o início da década de 2000 a área também tem crescido em credibilidade, eficiência e qualidade (CFP, 2018).

Entretanto, apesar do crescente interesse por outras áreas e por novos métodos psicológicos, há uma ferramenta que parece ainda não ter "caído nas graças" de estudantes e profissionais, embora sua utilização seja tão antiga quanto à própria psicologia enquanto ciência. Sim, aqui está se falando sobre a temida (e mal compreendida) estatística!

É bastante comum ouvir nos corredores das faculdades de psicologia murmúrios (e muitas vezes lamentações) a respeito dos conteúdos matemáticos que parecem não fazer sentido em meio a outras disciplinas específicas da psicologia. Por conseguinte, não raro, percebe-se uma certa associação de "aversões" entre estatística, testes psicológicos e pesquisa em psicologia, como se tudo o que faça uso da estatística fosse igualmente difícil e chato.

Se você está lendo esse texto e se identificando, concordando com a maioria das afirmações, saiba que não é o único. Preocupados com as dificuldades dos alunos nesse assunto, vários pesquisadores têm se empenhado em compreendê-las.

Por exemplo, Yunis (2006) pesquisou as principais dificuldades em estatística de estudantes de psicologia egípicios e descobriu cinco principais fontes de dificuldade, que foram (1) o conteúdo do curso, (2) o professor, (3) os exames, (4) o próprio estudante e (5) a distância do material ensinado da realidade. Esse mesmo autor encontrou dados mostrando que quanto mais a estatística causava ansiedade nos alunos, mais eles consideravam a matéria difícil.

No Brasil, Silva e Vendramini (2005) pesquisaram o autoconceito estatístico (que é uma variável afetiva relacionada ao julgamento que a pessoa faz de si mesma em relação à estatística) de estudantes de psicologia e pedagogia. Entre os itens que os estudantes concordaram mais estava este: "Eu me sinto incapaz na aula de Estatística". Por outro lado, entre aqueles com mais discordância estavam "Eu gosto de estudar Estatística em casa" e "Eu acredito que eu posso ser um Estatístico ou um cientista futuramente". Em outro estudo que avaliou a atitude de estudantes de psicologia em relação à estatística, Vendramini, Silva e Dias (2009) verificaram que o desempenho na disciplina de estatística estava bastante relacionado com a afirmação: "A estatística me faz sentir como se estivesse perdido em uma selva de números e sem encontrar saída".

Também no Brasil, Noronha, Nunes e Ambiel (2007) observaram que os estudantes de psicologia atribuem pouca importância para o uso de estatística nas práticas de avaliação psicológica. Além disso, os dados sugerem que os estudantes de primeiro ano relataram ter mais domínio em estatística do que os do quinto ano. Ou seja, parece ocorrer algum fenômeno que faz os alunos perceberem que "desaprendem" estatística ao longo do curso.

Com os estudos citados, pode-se perceber que a estatística é mesmo percebida por futuros psicólogos como um "bicho de sete cabeças". Mas, o que talvez você não tenha percebido é que, nos últimos três parágrafos, várias informações e conceitos estatísticos foram passados. Possivelmente, você tenha lido os parágrafos e compreendido as informações, sem que isso lhe causasse nenhuma ansiedade ou lhe fizesse sentir em uma selva sem saída. E este é o objetivo do presente Capítulo: apresentar conceitos estatísticos básicos e essenciais para uma boa utilização e compreensão de manuais e de testes psicológicos de uma forma simples e clara.

Contudo, antes de prosseguir, deve-se dar uma boa e uma má notícia. A má é que, por maior que tenha sido o esforço, não foi possível livrar você, leitor, da apresentação de algumas fórmulas. Mas não se preocupe. A boa notícia é que **você não precisa fazer cálculos ou grandes operações matemáticas para utilizar a estatística no seu dia-a-dia de estudante de psicologia ou de pesquisador. Existem softwares que farão o trabalho por você,** tais como o Microsoft Excel ou *Statical Package for Social Sciences*, o popular SPSS.

A ESTATÍSTICA NA PSICOLOGIA

A "parceria" entre psicologia e estatística não é nova. Historiadores apontam que no século XIX o caminho da psicologia rumo ao seu reconhecimento como ciência demandou que métodos que viabilizassem a quantificação de características psicológicas fossem adotados. Concomitantemente, os primeiros pesquisadores interessados em conhecer os processos psicofísicos das pessoas começaram a fazer uso de procedimentos estatísticos para atribuir validade científica aos seus achados (SASS, 2008).

No momento histórico inicial da psicologia como ciência, um dos pesquisadores que melhor utilizaram a estatística em seus estudos foi Galton. Em seus experimentos, ele, que era biólogo, estudava as diferenças individuais das pessoas, com a preocupação de compreender como a hereditariedade e o ambiente poderiam influenciar no desenvolvimento e manifestação de traços característicos de cada um. Nessa empreitada, Galton teve a ajuda de Cattell, que mais tarde viria a se tornar um dos principais cientistas no campo da personalidade (MEMÓRIA, 2004; SCHULTZ; SCHULTZ, 2009).

No início do século XX surgiram os primeiros testes psicológicos, tal como são conhecidos atualmente. Urbina (2007) afirma que, nessa época, as sociedades urbanas, industriais e democráticas começavam a se consolidar. Em consequência de novos conceitos sociais oriundos dessa época, tornou-se imperativo tomar decisões sobre pessoas de forma justa e considerando suas características pessoais em diversas áreas, tais como nos contextos laboral, educacional e da saúde.

A partir desse avanço inicial, ao longo do Século XX a testagem psicológica e educacional se desenvolveu sobremaneira com a contribuição e refinamento das análises estatísticas (URBINA, 2007). Além disso, a necessidade de selecionar soldados para as grandes guerras mundiais e o surgimento de *softwares* e pacotes estatísticos possibilitaram tornar os instrumentos de avaliação cada vez mais válidos e precisos.

Dessa forma, após uma breve contextualização histórica sobre o uso da estatística pela psicologia, alguns conceitos básicos serão expostos. É importante notar que a intenção deste Capítulo, bem como das disciplinas de estatística nas faculdades de psicologia, não é formar estatísticos e, sim, instrumentalizar os estudantes e profissionais da psicologia para uma boa utilização de manuais de testes psicológicos e aplicação em pesquisa.

POPULAÇÃO E AMOSTRA

A estatística é um ramo de conhecimento formado por um conjunto de métodos matemáticos que ajudam as pessoas a tomarem decisões. O termo é derivado de *status* (estado) e pode ter duas interpretações: estado, enquanto condição atual de determinada situação (por exemplo, "meu estado financeiro atual está péssimo"); ou Estado, enquanto administração pública, ou seja, métodos adotados pelo Estado para monitorar o desenvolvimento de alguma característica da população (por exemplo, "a renda per capita do brasileiro subiu 5% nos últimos anos") (MEMÓRIA, 2004).

Ao trazer essa ideia para a psicologia, é necessário lembrar que geralmente se estará falando sobre pessoas. A esse respeito, é importante entender que a estatística, sendo um conjunto de métodos, vai informar sobre os dados que estiverem disponíveis, seja qual for a fonte da coleta.

Por exemplo, em exames médicos clínicos, a estatística ajuda os médicos a entender a condição de saúde do examinado a partir de uma amostra de alguma substância biológica, como o sangue. Na psicologia, os dados coletados dizem respeito a comportamentos, coletados de uma parte da população (PASQUALI, 2010).

Essa noção é primordial para a compreensão dos próximos passos: dificilmente será possível para um psicólogo fazer uma pesquisa com toda uma população e, por isso, seleciona-se uma amostra para a realização da pesquisa. Portanto, **uma amostra é uma parte de uma população, selecionada com base em algum critério. População, por sua vez, é o conjunto de todos os indivíduos de uma determinada classe.** Por exemplo, um pesquisador quer verificar os níveis do traço de personalidade *Extroversão* em estudantes de psicologia brasileiros. A população em questão seria composta por todos os estudantes de psicologia do Brasil, de todas as universidades, de todas as cidades, de todos os estados brasileiros no momento da pesquisa. Como isso seria muito complicado e caro, o pesquisador seleciona uma amostra de estudantes de psicologia para realizar seu estudo, que pode ser uma turma, algumas turmas de uma universidade, algumas universidades de um estado ou, aleatoriamente, escolher uma parte dos estudantes de psicologia do Brasil.

É claro que, quanto menos aleatória for a seleção da amostra, maior a possibilidade de tendenciosidade dos dados, ou seja, as informações são relativas apenas àquela pequena amostra e o pesquisador não pode generalizar os resultados. Por exemplo, seria errado que um estudo cujos dados foram coletados em apenas uma turma de psicologia da Universidade Estadual de Londrina (UEL), no Paraná, concluísse que aqueles resultados encontrados, naquela amostra, refletem as características dos estudantes de psicologia do Brasil. Aliás, não é possível nem generalizar para os futuros psicólogos do estado do Paraná, quiçá nem mesmo para a própria UEL, mas apenas para as pessoas em questão (podendo ou não ser verdade para o restante da população estudada).

Isso porque, quando se fala em seleção da amostra, deve ser considerada a ideia de representatividade. Ou seja, já que em geral não se tem dinheiro, tampouco tempo, para avaliar todos os representantes de uma certa população, **é necessário que a amostra selecionada (a) tenha uma quantidade de pessoas suficiente, (b) não tenha características próprias que a diferencie do "normal" da população e**

(c) seja escolhida de maneira aleatória, ou seja, o pesquisador não deve escolher os sujeitos que interessam para chegar no resultado que deseja. Ressalta-se que em psicologia é bastante comum amostra por conveniência. Nesse tipo de amostragem, o pesquisador coleta os dados conforme a disponibilidade de acesso aos sujeitos. Importante lembrar que as pesquisas que utilizam esse tipo de amostragem não permitem a generalização dos resultados da amostra de respondentes para a população alvo.

MEDIDAS DE TENDÊNCIA CENTRAL E VARIABILIDADE

Basicamente, o uso da estatística em psicologia tem a finalidade de descrever e resumir dados provindos de observações de comportamento, que podem ser feitas de diferentes formas, como testes, questionários e entrevistas. Tais descrições e conjuntos de dados são realizados, especificamente, por meio de números, que expressam e ajudam a entender o significado dos resultados. A função de descrever e resumir resultados é do domínio da estatística descritiva. Já a função de interpretar resultados, especificamente quando se deseja generalizar os resultados de uma amostra de respondentes para a população alvo, é o domínio da estatística inferencial (GLASSMAN; HADAD, 2008; URBINA, 2007).

Especificamente nesta seção vamos nos concentrar na estatística descritiva. Podemos observar, nos vários livros de estatística disponíveis, que a forma mais comum de estatística descritiva são as medidas de tendência central. Como assinalam Dancey e Reidy (2019), uma medida de tendência central de um conjunto de dados fornece uma indicação do escore típico (mais comum) deste conjunto de dados. Em outras palavras, **uma maneira vantajosa de caracterizar um grupo de sujeitos como um todo é achar um número único que represente o que é médio, ou típico daquele conjunto de dados.** Assim, podemos dizer, por exemplo, que o tempo médio de realização da prova de psicologia social da turma A do curso de psicologia de uma universidade qualquer foi de 1 hora e dez minutos. Por outro lado, podemos dizer que a média de idade desses alunos é de 23,5 anos. Embora as idades dos alunos do curso de psicologia variem, a média de idade de 23,5 anos oferece uma noção geral das idades dos mesmos. As medidas de tendência central comumente utilizadas para descrever dados são a *moda*, a *mediana* e a *média*. Estas são discutidas a seguir.

A medida de tendência central mais simples de se obter é a moda (Mo). A moda é simplesmente o valor mais frequente, mais típico ou mais comum em uma distribuição de dados. Suponha que dez candidatos fizeram uma prova de conhecimentos gerais para provimento de uma vaga de analista de sistemas em uma determinada empresa. Dois candidatos obtiveram a nota 6,0, três candidatos a nota 7,5, quatro candidatos a nota 8,0 e um candidato a nota 10. Qual seria a moda? O valor modal é 8,0, já que quatro candidatos obtiveram essa nota. Em outras palavras, 8,0 é a moda porque é a nota que ocorre com maior frequência. Algumas distribuições de frequência podem conter duas ou mais modas. Por exemplo, quando se tem duas modas, falamos que a distribuição é bimodal.

A moda é a única medida de tendência central que podemos utilizar para representar variáveis do tipo nominal. Nesse nível de medida os números são utilizados de forma arbitrária, simplesmente como símbolos de identificação de grupos a que os elementos pertencem (BUNCHAFT; CAVAS, 2002). Exemplos de variáveis no nível nominal são sexo (masculino e feminino), religião (católica, evangélica, espírita etc.) e curso universitário (psicologia, medicina, direito, cinema etc). Vale ressaltar que a moda pode, entretanto, ser utilizada para descrever o escore mais comum em qualquer distribuição, independentemente do nível de mensuração[1] (LEVIN; FOX; FORDE, 2012).

Uma segunda medida de tendência central é a mediana (Mdn). Esta diz respeito à pontuação que está no meio da distribuição da frequência. Quando uma distribuição de frequências é disposta em ordem crescente de tamanho, torna-se possível localizar a mediana, o ponto do meio de uma distribuição. A mediana é encarada como uma medida de tendência central, pois separa a distribuição de frequências em duas partes iguais (LEVIN; FOX; FORDE, 2012). Considere a seguinte distribuição de frequência: 12, 11, 18, 16, 15, 13 e 17. Quando se vai determinar a mediana o primeiro passo é ordenar os dados do menor para o maior,

---

[1] Para maiores informações sobre níveis de mensuração consultar Bunchaft e Cavas (2002), Hogan (2006), Pasquali (2010) ou Pasquali (2013).

como segue: 11, 12, 13, 15, 16, 17 e 18. Cada valor tem um posto. Por exemplo, o valor 11 assume o 1º posto, o valor 12 assume o 2º posto e assim por diante. O posto do valor da mediana pode ser determinado por inspeção (valor do meio em uma distribuição de frequência ímpar) ou pela fórmula: $\frac{N+1}{2}$. Nesse caso, temos $\frac{7+1}{2}$, que resulta em 4. Assim, no posto 4 temos o valor da mediana igual a 15. No caso de uma distribuição de frequências par, a mediana será a média resultante dos dois valores centrais.

Compreendidas a moda e a mediana, passaremos a explicar a média. A medida de tendência central mais comum, intensa e extensivamente utilizada, é a média aritmética, geralmente denominada de média (M) (FERREIRA, 2009). Para calcular-se a média, deve-se somar o escore de cada sujeito e dividir o resultado pelo número de sujeitos. A título de informação, a fórmula da média é: $\overline{X} = \frac{\Sigma X}{N}$, no qual:

$\overline{X}$ = média (lê-se 'X barra');

Σ = soma (letra grega maiúsculo sigma);

X = escore bruto em um conjunto de escores;

N = número total de escores no conjunto (LEVIN; FOX; FORDE, 2012).

Segundo Glassman e Hadad (2008), a média é comumente utilizada devido a duas características ou vantagens. Primeiro não é necessário dispor as pontuações em uma ordem sequencial para calcular a média; segundo, ao contrário da mediana ou da moda, a média reflete todas as pontuações, ou seja, se você mudar uma pontuação, a média também vai mudar. Um dos problemas da média é que ela é sensível aos casos extremos, os famosos *outliers* no jargão da estatística (DANCEY; REIDY, 2019). Suponha que você queira saber a média da renda mensal dos sujeitos da sua pesquisa e, por coincidência, Bill Gates esteja na sua amostra. Nesse caso, a média da renda mensal será maximizada. Em outro caso aberrante, você quer saber a média de idade dos sujeitos da sua pesquisa e o homem mais velho do mundo, certificado pelo livro dos recordes, está na sua amostra. Mais uma vez, o valor da média de idade será maximizado. É claro que esses exemplos são exagerados, mas servem para ilustrar que a média sofre influências dos *outliers*. Em casos similares, devemos utilizar a mediana ao invés da média.

Também não devemos utilizar a média quando a distribuição de frequências não é normal. A distribuição normal, ilustrada na Figura 1, tem a forma de uma curva simétrica que parece um sino de perfil. Essa distribuição indica que os sujeitos da sua amostra se distribuem normalmente em torno de um valor modal.

Figura 1 - Curva aproximadamente normal

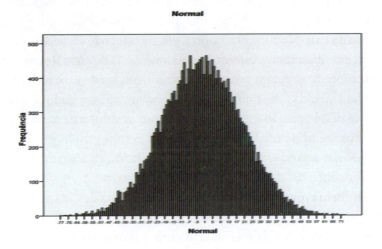

Em uma distribuição perfeitamente normal, o ponto mais elevado ocorre no meio da distribuição, ou seja, a moda, a mediana e a média são iguais. Assim, em uma distribuição normal, não importa qual medida de tendência central você usará, porque todas produzem o mesmo resultado. Por outro lado, quando se tem uma distribuição assimétrica é improvável que a média seja representativa da maioria das pontuações. Nesses casos, a maioria dos pesquisadores prefere utilizar a mediana como uma maneira de descrever o resultado típico (GLASSMAN; HADAD, 2008). Alguns exemplos de variáveis com distribuições assimétricas são renda mensal e nível de escolaridade da população.

As medidas de tendência central, todavia, nunca devem ser utilizadas sozinhas. Quando utilizadas sozinhas pelo pesquisador inexperiente, elas representam os dados de maneira incompleta. **As medidas de variabilidade, por outro lado, nos informam o quanto as pontuações estão distribuídas em torno do centro.** Nesse sentido, uma medida de tendência central deve vir sempre acompanhada de alguma medida de variabilidade. As medidas de variabilidade mais utilizadas são a amplitude, a variância e o desvio-padrão. As três são discutidas a seguir.

Um indicador simples da variabilidade é a amplitude, que nada mais é do que a diferença entre a pontuação mais alta e a pontuação mais baixa. Por exemplo, para calcular a amplitude da seguinte distribuição de dados 0, 12, 13, 14, 25, 30, 35, basta calcular $35 - 0 = 35$, ou seja, o valor mais alto menos o valor mais baixo é igual a 35. Como a amplitude só reflete as duas pontuações mais extremas, é apenas uma medida bruta da variabilidade (LEVIN; FOX; FORDE, 2008). Embora a amplitude forneça uma ideia da variação total dos valores, ela, de fato, não fornece uma ideia global da distribuição dos valores de uma amostra (DANCEY; REIDY, 2019). Por esse motivo, devemos recorrer a outras medidas de variabilidade.

Uma medida mais informativa da variabilidade dos dados é o desvio padrão. O desvio padrão é a medida de quanto os valores da nossa amostra variam em torno da média. Para calcular o desvio padrão é necessário, antes, calcular a variância da distribuição de dados. Procuramos explicar aqui esses conceitos da forma mais intuitiva possível.

De forma simplificada, se subtrairmos a média de cada valor observado, obteremos os desvios, que são uma indicação de quão longe cada um desses valores está da média. Cada um dos desvios deve ser elevado ao quadrado para evitar valores negativos. Feito isso, pode-se calcular a média dos desvios ao quadrado para obter uma indicação da variabilidade do conjunto como um todo. Esse resultado é conhecido como variância. Embora a variância seja usada de várias maneiras pelos estatísticos, ela nos dá um número inflado, pois é baseada nos quadrados dos desvios, e não nos próprios desvios em si. Para obtermos uma medida compatível com os valores originais das nossas variáveis, utilizamos a raiz quadrada da variância, que é denominada desvio padrão (DANCEY; REIDY, 2019). Considerados juntos, a média e o desvio-padrão nos dizem muito sobre o nosso conjunto de dados. Em geral, quanto maior o desvio-padrão, maior a variabilidade das respostas dos sujeitos (GLASSMAN; HADAD, 2008).

DIFERENÇAS ENTRE GRUPOS

Uma vez compreendido que as medidas de tendência central servem para resumir e organizar um conjunto de dados, é necessário entender como isso funciona na vida real. Não é raro encontrar, nos diferentes estudos realizados em psicologia, perguntas tratando de diferenças entre grupos. Por exemplo, as mulheres são mais ciumentas do que os homens? Essa pergunta poderia ser apresentada, em termos de diferenças entre grupos, da seguinte maneira, existem diferenças entre mulheres e homens em relação ao ciúme? Muitos são os delineamentos possíveis para responder a essa pergunta, isto é, pode-se utilizar distintas técnicas e métodos para responder essa pergunta.

Uma das possibilidades é aplicar um instrumento (teste) que avalie o ciúme, em homens e mulheres, e então comparar a pontuação que cada um dos grupos obteve no instrumento em questão. Contudo, para tornar possível essa comparação, deve-se calcular a média de cada um desses grupos. Só para relembrar, como já foi explicado anteriormente, a média nada mais é que a soma dos valores observados dividida pelo número de valores. Por exemplo, se o grupo de mulheres era composto por 3 mulheres e cada uma obteve uma pontuação igual a 2 no teste de ciúme, então teremos, (2 + 2 + 2)/3, isto é, a soma dos valores que cada mulher teve dividida pelo número (quantidade) de valores. O resultado, no caso, seria 2.

Outro exemplo, em um estudo realizado por Lopes et al (2006), os pesquisadores buscaram verificar possíveis diferenças entre homens e mulheres em relação a neofobia alimentar, que se refere a uma relutância em ingerir alimentos novos. Portanto, o objetivo do estudo foi verificar se homens apresentam mais relutância para ingerir alimentos novos do que mulheres, ou vice-versa. No estudo, participaram 266 pessoas, sendo 109 homens e 157 mulheres. Eles utilizaram um teste que avaliava a neofobia, e a partir de um procedimento estatístico amplamente conhecido na área de diferenças entre grupos, o teste *t* de *Student*, verificaram uma tendência das mulheres serem mais neofóbicas do que os homens. Ou seja, nessa amostra estudada (já que não participaram todos os homens e mulheres do mundo), as mulheres tiveram médias maiores do que os homens no teste aplicado.

O teste *t* pode ser utilizado em diferentes condições, para o caso do estudo de Lopes et al (2006) procedeu-se ao teste *t* para amostras independentes (já que as pessoas de um grupo não são as mesmas pessoas do outro grupo). Basicamente, para o cálculo desse procedimento estatístico, considera-se diferenças intra-grupo, ou seja, o quanto as respostas das pessoas de um dos grupos varia. E, diferenças entre-grupos, isto é, se há uma tendência (média) para um grupo obter pontuações (escores) inferiores ou superiores em relação ao outro grupo.

Geralmente, dois grupos distintos não apresentarão médias e variações idênticas, por isso, na maior parte dos casos existirão diferenças entre dois grupos. Contudo, **será que as diferenças entre os grupos são suficientes ou significativamente grandes do ponto de vista estatístico? E se forem, qual a chance de serem reais (e não terem ocorrido ao acaso)?** Vamos por partes. Primeiro, para verificar se as diferenças são suficientemente grandes, calcula-se a estatística "*t*". De modo simplificado, o *t* é a medida da variância entre os grupos dividida pela variância dentro dos grupos. Assim, quanto maior a variância entre grupos em relação a variância intra-grupos, maior é o valor de *t* (DANCEY; REIDY, 2019). Isso significa que, para que se tenha um maior valor de *t*, e consequentemente maior probabilidade do teste ser significativo, a diferença entre as médias dos grupos deve ser grande, mas os desvios padrão dentro dos grupos deve ser baixo.

Após o cálculo do *t*, isto é, depois de verificar a diferença entre os grupos, calcula-se a probabilidade da diferença encontrada ser devido ao acaso ou ser real. A comunidade científica adotou o seguinte critério: para os resultados encontrados nas pesquisas científicas serem considerados significativos do ponto de vista estatístico, deve-se garantir que aquele dado seria encontrado novamente (em condições similares à pesquisa realizada) em pelo menos 95% dos casos. Assim, a dúvida se o dado seria ou não encontrado novamente não deve passar de 5% (ou 0,05). Chama-se esse cálculo de índice (nível) de significância (indicado pela letra *p*).

Outra possibilidade para o uso do teste *t*, ou seja, de procedimentos estatísticos para comparação de 2 grupos (importante: o teste *t* possibilita a comparação de 2 grupos e não mais que isso), é quando se quer comparar um grupo de pessoas com ele mesmo. A fórmula subjacente ao teste *t* pareado (comparação de um grupo com ele mesmo) é similar a do teste *t* para amostras independentes, contudo, considera o fato de que as mesmas pessoas estão sendo comparadas (e, por isso, tende a ser um procedimento mais sensível).

Esse tipo de procedimento estatístico pode ser utilizado para casos, por exemplo, em que se quer comparar as pessoas antes de um determinado fato e depois desse fato. Outra possibilidade de aplicação desse procedimento é para verificar o quanto um determinado grupo varia em um determinado construto. Por exemplo, Evangelista et al (2010) verificaram o quanto o grupo de homens atletas (e, posteriormente, o grupo de mulheres) se diferenciava (intra-grupo) em relação a construtos relacionados às atitudes morais. Os dados apontaram para diferenças significativas do ponto de vista estatístico (ou seja, com pelo menos 95% de segurança de não serem ao acaso) em quatro das seis dimensões avaliadas no estudo.

Em ambos os casos, amostras independentes e pareadas, o teste *t* funciona com base em algumas suposições. Essas suposições são válidas para o grupo de procedimentos estatísticos categorizados como testes paramétricos. Basicamente, a suposição dos testes paramétricos se refere à distribuição da amostra. Em outros termos, no caso de procedimentos estatísticos que utilizam a média (como o teste *t*) se supõe que os grupos de pessoas apresentam uma distribuição normal ou próxima a isso (já discutido anteriormente). Essa exigência decorre exatamente do uso da média, isto é, se as variâncias entre os grupos forem muito desiguais, então o resultado verificado não representará nenhum dos grupos (DANCEY; REIDY, 2019).

Quando essa suposição não é atendida, sugere-se o uso de testes não-paramétricos. Usualmente, o teste Mann-Whitney está para o teste *t* para amostras independentes, assim como o teste Wilcoxon está para o teste *t* pareado. Ambos tendem a ser bem mais simples que o teste *t*, já que não utilizam médias, desvios padrões e erros padrões. Subjacente a esses testes, o raciocínio atribuído é a comparação entre as distribuições dos grupos.

Ao lado disso, ainda em relação à comparação entre grupos, em alguns casos torna-se necessária a comparação entre mais de dois grupos. Para estes casos, nenhum dos testes mencionados anteriormente é válido. Por isso, utiliza-se a análise de variância (ANOVA), que compara três ou mais médias (ou grupos) buscando verificar se há ou não alguma diferença significativa do ponto de vista estatístico (FIELD, 2017; TABACHNICK; FIDELL, 2013). De modo similar ao teste *t*, o conjunto de procedimentos estatísticos que representam a ANOVA consideram tanto a variância de respostas dentro do grupo quanto a diferença entre grupos (médias). Contudo, para o caso desses procedimentos, não se calcula o *t*, mas sim o *F*.

Do procedimento ANOVA derivam-se resultados de diferenças estatísticas (que podem ser ou não significativas) entre grupos, nos quais as médias dos três grupos (ou mais) são comparadas, e intra-grupos, nas quais as variâncias entre participantes dentro dos grupos são verificadas. Por exemplo, no estudo realizado por Diniz e Zanini (2010), foram verificadas diferenças entre médias de três grupos diferenciados pela idade (11 e 12 anos; 13 anos; 14 e 15 anos) nos construtos personalidade e *coping*. Os resultados apresentaram diferença significativa (portanto, $p < 0,05$, indicando uma chance menor que 5% dos dados serem atribuídos ao acaso), sugerindo, por exemplo, que adolescentes mais jovens apresentam maior pontuação nos traços socialização e abertura do que os demais.

Cabe ressaltar que a gama de procedimentos que representam as análises de variância é bastante ampla e abarca diversas possibilidades de delineamentos. Um critério inicial que justifica o uso dessas análises é a existência de mais de dois grupos (de outro modo, se pode utilizar o teste *t*, por exemplo). A partir disso, dependendo do tipo de estudo sendo realizado, é possível considerar um número amplo de grupos e de variáveis independentes (isto é, construtos que estão sendo avaliados), e também diferentes variáveis dependentes (no caso, aquelas que dividem as pessoas em grupos). Ainda, é possível verificar efeitos entre variáveis independentes e dependentes.

Pode-se verificar, a partir da breve explanação acerca das diferenças entre grupos, as diversas possibilidades de procedimentos estatísticos que podem ser utilizados para observação de diferenças entre grupos distintos. Essas análises se diferenciam em complexidade, isto é, o número de grupos de pessoas que são capazes de comparar e o número de variáveis independentes e dependentes.

CORRELAÇÕES

Voltando à introdução, o estudo de Vendramini, Silva e Dias (2009) afirma que aqueles estudantes que encaram a estatística de maneira mais positiva tendem a ter melhores notas na disciplina. Assim, ler este Capítulo com uma atitude positiva, deve melhorar a sua aprendizagem (assim esperam os autores!). Pode ter certeza de que não vai doer. De qualquer forma, como as autoras do estudo citado chegaram a essa conclusão? Como você chegaria a essa conclusão? O teste estatístico que responde a essa pergunta chama-se correlação. Uma primeira maneira de verificar a relação entre duas coisas (na linguagem estatística, duas variáveis), mais racional, seria analisar cada caso individualmente, para depois ver o todo. Imaginemos que Rafael é alguém que adora estatística e tirou uma nota muito boa. Leonardo, por outro lado, odeia Estatística, e foi muito mal na disciplina. Se houver somente alunos como Rafael e Leonardo, teríamos evidências de que alunos que gostam de estatística tendem a se sair melhor na prova.

Todavia, quando se lida com muita gente, existem pessoas que fogem à regra. Podemos ter um aluno como Michelangelo, por um lado, que ama estatística, mas, coitado, ficou doente um dia antes da prova e não teve um bom desempenho. Por outro lado, Donatello, que odeia tanto estatística, com medo de ter que fazer duas vezes sua tão temida matéria, estudou demais e tirou uma excelente nota. Casos como esses estariam mostrando que não há relação entre gostar de Estatística com a nota na disciplina.

Mas, como são muitos alunos, possivelmente existirão vários Leonardos, Rafaéis, Donatellos e Michelangelos. Devemos descobrir se temos mais Rafaéis e Leonardos do que Donatellos e Michelangelos? Mas, existe uma pergunta anterior a essa: como saber se um estudante é Leonardo, Rafael, Donatello ou Michelangelo? Ocorre que não há um critério claro para rotular se a pessoa gosta ou não de Estatística. Fazer isso seria perder a riqueza dos dados, pois o que fazer com os que gostam mais ou menos da matéria? E os que gostam mais ou menos para mais? Enfim, é mais interessante pegar a quantificação deste gostar, ao invés de criar rótulos. O mesmo vale para a nota na matéria. E, para não se perder, é mais fácil colocar em um gráfico, no qual um eixo representa a nota de cada sujeito, e o outro eixo representa o quanto gosta de estatística (Figura 2). Cada ponto é uma pessoa, e as letras representam as iniciais de onde estariam os alunos Rafael (R), Leonardo (L), Donatello (D) e Michelangelo (M).

Figura 2 - Diagrama de dispersão entre o desempenho
em estatística e as atitudes com relação à matéria

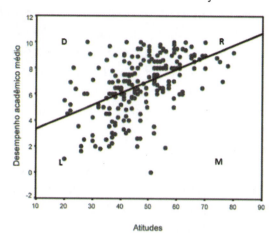

Fonte: adaptado de Vendramini, Silva e Dias (2009)

Conforme foi observado na amostra, o Michelangelo, ou alguém que gosta de estatística e se saiu mal na disciplina, é um aluno hipotético, que não existe. Ou você está observando algum ponto próximo ao "M" no gráfico? Os Donatellos também são raros. O que se observa no gráfico é que, geralmente quem tem atitudes negativas com relação à estatística vai mal na prova, e quem tem atitudes positivas vai bem. Olhando os pontos espalhados no gráfico, conseguimos chegar a essa conclusão. No entanto, se trata de uma conclusão de "olhomêtro". Precisamos de algo mais simples e preciso para indicar o quanto a relação entre duas coisas é forte.

Para isso serve aquela linha que está no gráfico. Ela é chamada de *best fit line*, ou linha de melhor ajuste. A ideia é que essa seja uma linha reta que represente todos os pontos do gráfico da melhor maneira possível. Os pontos devem estar próximos a essa linha para indicar que há correlação positiva, ou seja, que a tendência é encontrarmos alunos como Rafael e Leonardo na turma de estatística. Ambas as variáveis crescem juntas, ou seja, quanto mais positiva a atitude com relação à estatística, melhor o desempenho na disciplina. Se essa linha, que melhor representa os pontos do gráfico, estivesse no sentido Donatello-Michelangelo, essa correlação seria negativa, pois o aumento em uma variável se relaciona com a diminuição na outra. Isso significaria que, quanto mais positiva a atitude com relação à estatística, pior a nota na matéria. Essa conclusão não faz sentido, talvez por isso que não tenha sido encontrada nos dados empíricos de Vendramini, Silva e Dias (2009), mas esperamos que tenha servido para você compreender o conceito de correlação negativa.

Mas, ainda não está tão simples. É muito ruim trabalhar com gráficos de dispersão, como o da Figura 2. Eles ocupam muito espaço, e tem que se concentrar muito para entender. E, somente observando a linha e os pontos, ainda não dá para ter uma noção muito clara do quão relacionadas são as duas variáveis. Assim, se resume toda essa informação em um número. Para se chegar nesse número, **é feito um cálculo que considera o quanto cada ponto do gráfico está distante da linha de melhor ajuste. Esse número varia de –1 até +1, passando pelo zero.** Uma correlação igual a zero ($r = 0,0$), conforme pode ser deduzido na própria linguagem, significa que não existe relação entre duas variáveis. Assim, se quando a atitude com relação à estatística se tornasse mais positiva, a nota aumentasse ou diminuísse aleatoriamente, ou se houvessem Rafaéis, Leonardos, Donatellos e Michelangelos em igual proporção, teríamos uma correlação próxima de zero. Quando os pontos estão espalhados aleatoriamente, qualquer que seja a linha de melhor ajuste teria uma dificuldade de representar bem todos os pontos. Por outro lado, se todos os pontos do gráfico estivessem em cima da linha, ou seja, nenhuma distância entre a linha e os pontos, a correlação seria perfeita, indicando que o aumento das notas na estatística estaria ligado a gostar da matéria, sem espaço para exceções. O valor de uma correlação perfeita é +1, ou –1 se essa correlação perfeita ocorrer em sentido oposto (o aumento cm uma variável se relaciona perfeitamente com a diminuição da outra). Para interpretar valores intermediários a 0 e ±1, torna-se importante a experiência do pesquisador. Diferentes livros trazem diferentes critérios, Duffy, Mclean e Monshipouri (2011), por exemplo, interpretam as correlações da maneira descrita na Tabela 1.

Tabela 1 - Interpretação do coeficiente de correlação

Valor	Interpretação
0,00 a 0,19	Sem relação ou relação desprezível
0,20 a 0,29	Relação fraca
0,30 a 0,39	Relação moderada
0,40 a 0,69	Relação forte
0,70 a 1,00	Relação muito forte

Fonte: Duffy, Mclean e Monshipouri (2011)

Contudo, pode-se relevar esse critério, considerando que áreas como a psicometria, por medir o psíquico, trabalham com maiores margens de erro do que as engenharias por exemplo. Uma correlação não tão forte nas ciências exatas pode ter alguma relevância para as humanas. Embora a palavra "moderada" pareça indicar algo de pouco valor, correlações moderadas são valiosas para a psicologia. Caso você tenha curiosidade, a correlação encontrada por Vendramini, Silva e Dias (2009) foi de 0,618. Assim, se você entendeu o que é uma correlação e os demais conceitos deste Capítulo, existem dados empíricos sugerindo que você pode estar começando a se interessar por estatística e entrando no grupo do Rafael.

ANÁLISE FATORIAL

Correlações são conceitos importantes na estatística aplicada à psicologia, mas são apenas a base de uma análise fatorial. Tudo aquilo que você viu foi apenas a relação entre duas coisas (variáveis). Agora, imaginemos a correlação entre diversas coisas ao mesmo tempo. Por exemplo, a Tabela 2 mostra diversas frases para as quais os sujeitos hipotéticos que responderam à pesquisa hipotética devem dizer como a frase se aplica a eles, em um contínuo que vai de "não se aplica de jeito nenhum" a "se aplica totalmente".

Tabela 2 - Matriz de correlações hipotéticas
da Escala de gosto por eventos culturais e esportivos

Frase	1	2	3	4	5	6	7	8
1. Eu gosto de ir a exposições em museus.	1							
2. Eu frequentemente vou ao teatro.	+	1						
3. Apresentações circenses me deixam alegre.	+	+	1					
4. Adoro filmes com enredos esportivos.	+	+	+	1				
5. Acompanho jogos de basquete no ginásio.	0	0	0	+	1			
6. Torço para meu time de futebol no estádio.	0	0	0	+	+	1		
7. Assisti pelo menos a uma partida de vôlei nesse ano.	0	0	0	+	+	+	1	
8. A corrupção na política me revolta.	0	0	0	0	0	0	0	1

Caso as afirmações acima fossem reunidas em uma escala, seria esperado que sujeitos que gostam de ir ao cinema também gostam de teatro e de circo, ocasionando correlações positivas entre as frases desse grupo (por isso o símbolo "+"). As pessoas que gostam de basquete também possuem maior tendência de gostar de futebol e vôlei, criando outro grupo de frases. A frase 4 (adoro filmes com enredos esportivos) pode se relacionar com afirmativas dos 2 grupos. A frase 8 (a corrupção na política me revolta), no entanto, parece não ter relação com nenhum dos 2 grupos. Por outro lado, não se espera que frases de um grupo não correlacionem com as de outro, pois um sujeito que vai ao estádio de futebol pode ir ou não ao teatro. Note que a correlação entre uma afirmativa com ela mesma está representada pelo número 1, pois se trata de uma correlação perfeita. Um sujeito que gosta de ir a exposições em museus sempre vai gostar de ir a exposições em museus. Note também que metade da tabela é vazia, pois preencher seria repetir informação.

Uma vez que percebemos que existem dois grupos distintos, o próximo passo, sempre seguindo o espírito de simplificar, é verificar o que cada grupo de frases tem em comum e refazer a Tabela 2. Ao invés de dizer como cada item se relaciona com cada item, podemos dizer como cada item se relaciona com o grupo de itens. A Tabela 3 batiza os grupos e diz quais frases tem a ver (+) com quais grupos.

Tabela 3 - Matriz Fatorial da Escala de gosto por eventos culturais e esportivos

Frase	Fator 1. Eventos culturais	Fator 2. Eventos esportivos
1. Gosto de ir a exposições em museus.	+	0
2. Frequentemente vou ao teatro.	+	0
3. Apresentações circenses me deixam alegre.	+	0
4. Adoro filmes com enredos esportivos.	+	+
5. Acompanho jogos de basquete no ginásio.	0	+
6. Torço por meu time de futebol no estádio.	0	+
7. Assisti pelo menos a uma partida de vôlei nesse ano.	0	+
8. A corrupção na política me revolta.	0	0

Análise fatorial tem um nome estranho, mas no fundo é algo simples. Cada grupo de frases que se correlacionam pode se chamar fator. O objetivo da análise é determinar quantos fatores existem e quais frases (geralmente itens de um teste psicológico) se relacionam com quais fatores. Cabe salientar que a relação item-fator (chamada de carga fatorial), a exemplo da correlação, também é quantificada com um número que varia de − 1 a + 1, obviamente que passando pelo zero. Uma carga fatorial de ±0,32 (PASQUALI, 2005), geralmente arredondada para ±0,30, indica que existe alguma relação entre o item e o fator. Especificamente, quanto elevamos 0,32 ao quadrado, temos a informação que o item e o fator compartilham 10% da variância das respostas.

Outro indicador importante é a precisão do grupo de frases (fatores). Quando falamos de escalas, estamos falando de instrumentos de medida, e sempre é importante verificar a precisão de uma medida. A precisão de um instrumento é indicada pela relação entre seus itens. Se todos os itens estiverem medindo a mesma coisa de maneira semelhante, então esse instrumento é preciso. Você teria alguma hipótese para como verificar essa relação entre os itens? A resposta está debaixo do seu nariz, é por correlações. Nesse caso específico, o *Alfa de Cronbach* (α) é o teste mais famoso. Ele indica em um número as relações entre todos os itens. Este indicador vai de 0 a 1 e, embora haja controvérsias sobre qual seria um valor aceitável para o α, convencionou-se que um teste preciso possui α superior a 0,80, sendo que alfas maiores que 0,70 podem ser considerados aceitáveis. A análise do valor aceitável de alfa deve considerar o quão abstrato é o construto avaliado, bem como a finalidade da avaliação. Sempre que a avaliação psicológica implicar em decisões, tais como em processos seletivos, orientação profissional ou elaboração de um diagnóstico, por exemplo, devemos optar por instrumentos com alfas mais altos (HOGAN, 2006).

CONSIDERAÇÕES FINAIS

Com este texto, buscou-se levar informações e conceitos técnicos, próprios da estatística, de uma forma leve e acessível para estudantes de psicologia e para profissionais que, por algum motivo, tenham desenvolvido atitudes não muito positivas em relação à estatística, mas que necessitem agora de informações a respeito. Deve-se deixar claro que este Capítulo não esgota as possibilidades de uso dessas técnicas estatísticas, tampouco explora de forma aprofundada qualquer conceito matemático que esteja por trás dessas análises. O objetivo foi unicamente apresentar os procedimentos e dar alguns exemplos de utilização prática, questionando alguns mitos em relação à estatística na psicologia. O leitor interessado pode recorrer a uma vasta literatura na área da estatística. Inclusive, é possível encontrar livros de estatística aplicados especificamente à Psicologia.

Dessa forma, espera-se ter contribuído com a formação de futuros usuários de testes ou pesquisadores, ao demonstrar que a estatística pode ser uma grande aliada dos psicólogos para tomar decisões sobre o futuro das pessoas, seja por meio de pesquisas, seja por meio da correta interpretação e compreensão das informações provindas de manuais de testes. As pesquisas mais atuais usam números para demonstrar seus achados, e se espera que um psicólogo esteja por dentro do conhecimento atual na sua área. Se você não gosta de números porque prefere ajudar as pessoas, deve compreender que o conhecimento das técnicas estatísticas fará com que você ajude as pessoas de uma maneira mais qualificada e eficaz.

QUESTÕES:

1. Diferencie amostra de população.

2. Liste e discuta as medidas de tendência central e de variabilidade.

3. Como identificar se os resultados que encontrei não ocorreram ao acaso?

4. Em que casos devo utilizar procedimentos estatísticos não-paramétricos?

5. Explique a lógica por trás do conceito de correlação positiva.

REFERÊNCIAS

BUENO, J. M. H.; LEMOS, C. G.; TOMÉ, F. A. M. F. Interesses profissionais de um grupo de estudantes de psicologia e suas relações com inteligência e personalidade. *Psicologia em estudo,* v. 9, n. 2, p. 271-278, 2004.

BUNCHAFT, G.; CAVAS, C. S. T. *Sob medida:* um guia sobre a elaboração de medidas do comportamento e suas aplicações. São Paulo: Vetor Editora, 2002.

CONSELHO FEDERAL DE PSICOLOGIA (CFP). *Resolução nº 9, de 25 de abril de 2018. Estabelece diretrizes para a realização de Avaliação Psicológica no exercício profissional da psicóloga e do psicólogo, regulamenta o Sistema de Avaliação de Testes Psicológicos - SATEPSI e revoga as Resoluções nº 002/2003, nº 006/2004 e nº 005/2012 e Notas Técnicas nº 01/2017 e 02/2017.* 2018. Disponível em: <http://satepsi.cfp.org.br/docs/Resolu%C3%A7%C3%A3o-CFP-n%-C2%BA-09-2018-com-anexo.pdf>. Acesso em: 01 Set. 2019.

DANCEY, C. P.; REIDY, J. *Estatística sem matemática para psicologia.* 7. ed. Porto Alegre: Artmed, 2019.

DINIZ, S. S.; ZANINI, D. S. Relação entre fatores de personalidade e estratégias de coping em adolescentes. *Psico-USF,* v. 15, n. 1, p. 71-80, 2010.

DUFFY, S. P., MCLEAN, S. L. & MONSHIPOURI, M. *Pearson's r correlation.* 2011. Disponível em: <http://faculty.quinnipiac.edu/libarts/polsci/Statistics.html>. Acesso em: 01 Set. 2019.

EVANGELISTA, P. H. M. et al. Atitudes morais de jovens atletas praticantes de modalidades esportivas coletivas: um estudo comparativo segundo a variável "sexo". *Motriz,* v. 16, n. 2, p. 379-86, 2010.

FERREIRA, D. F. *Estatística básica*. 2. ed. Lavras: Editora UFLA, 2009.

FIELD, A. *Discovering statistics using IBM SPSS Statistics*. 5. ed. London: Sage, 2017.

GLASSMAN, W. E.; HADAD, M. *Psicologia*: abordagens atuais. 4. ed. Porto Alegre: Artmed, 2008.

HOGAN, T. P. *Introdução à prática de testes psicológicos*. Rio de Janeiro: LTC Editora, 2006.

LEVIN, J.; FOX, J. A.; FORDE, D. R. *Estatística para Ciências Humanas*. 11. ed. São Paulo: Pearson, 2012.

LOPES, F. A. et al. Comer ou não comer, eis a questão: diferenças de gêneros na neofobia alimentar. *Psico-USF*, v. 11, n. 1, p. 123-5, 2006.

MEIRA, C. H. M. G.; NUNES, M. L. T. Psicologia clínica, psicoterapia e o estudante de psicologia. *Paidéia*, v. 15, n. 32, 339-343, 2005.

MEMÓRIA, J. M. P. *Breve história da estatística*. Brasília: Embrapa Informação Tecnológica, 2004.

NORONHA, A. P. P.; AMBIEL, R. A. M. Estudo correlacional entre Escala de Aconselhamento Profissional (EAP) e Self Directed Search (SDS). *Interação em Psicologia*, v. 12, n. 1, p. 21-33, 2008.

NORONHA, A. P. P.; NUNES, M. F. O.; AMBIEL, R. A. M. Importância e domínios de avaliação psicológica: um estudo com alunos de Psicologia. *Paidéia*, v. 17, n. 37, p. 231-244, 2007.

PASQUALI, L. *Análise Fatorial para Pesquisadores*. Brasília, DF: LabPAM, 2005.

PASQUALI, L. Teoria da medida. In: PASQUALI, L. (Org.). *Instrumentação psicológica*: fundamentos e práticas. Porto Alegre: ArtMed, 2010. p. 56-78.

PASQUALI, L. *Psicometria*: teoria dos testes na Psicologia e na Educação. 5. ed. Petrópolis: Vozes, 2013.

SASS, O. Controle social na sociedade industrial: aproximações entre psicologia e estatística. *InterMeio*, v. 14, n. 28, p. 41-56, 2008.

SCHULTZ, D. P.; SCHULTZ, S. E. *História da Psicologia Moderna*. 9. ed. São Paulo: Cengage Learning, 2009.

SILVA, M. C. R.; VENDRAMINI, C. M. M. Autoconceito e desempenho de universitários na disciplina Estatística. *Psicologia Escolar e Educacional*, v. 9, n. 2, p. 261-268, 2005.

TABACHNICK, B. G., & FIDELL, L. S. *Using Multivariate Statistics*. 6. ed. Boston: Allyn & Bacon, 2013.

URBINA, A. *Fundamentos da testagem psicológicos*. Porto Alegre: Artmed, 2007.

VENDRAMINI, C. M. M.; SILVA, M. C. R.; DIAS, A. S. Avaliação de atitudes de estudantes de psicologia via modelo de crédito parcial da TRI. *Psico-USF*, v. 14, n. 3, p. 287-298, 2009.

YUNIS, F. A. Factors influencing the psychology student in dealing with statistics courses. *ICOTS*, v. 7, n. 1-5, 2006.

CAPÍTULO 4

TEORIA DE RESPOSTA AO ITEM NA AVALIAÇÃO PSICOLÓGICA

Felipe Valentini
Jacob Arie Laros
João Paulo Lessa

Maria é psicóloga recém-formada e na sua primeira experiência profissional é requisitada para realizar uma avaliação das habilidades cognitivas de um cliente. Após selecionar alguns testes com pareceres favoráveis pelo Sistema SATEPSI, disponível no site do Conselho Federal de Psicologia (CFP), *e estudar os seus manuais, Maria continua com algumas dúvidas: Um dos manuais indica que os itens possuem dificuldade média de 0,50 e boa capacidade discriminativa (correlações bisseriais entre 0,40 e 0,80). O que isso indica? Outro manual sugere, por meio da curva de informação, que o teste é mais eficiente ao avaliar pessoas com escores baixos no construto. O que isso significa? O último teste é aplicado via computador, com base na Testagem Adaptativa Computadorizada (TAC), no qual as pessoas podem ser comparadas entre si, mesmo respondendo a questões diferentes. Como isso é possível?*

Este capítulo foi construído no intuito de apresentar os principais conceitos e discussões envolvidas na Teoria Clássica dos Testes (TCT), bem como na Teoria de Resposta ao Item (TRI). Espera-se auxiliar os psicólogos e estudantes de graduação a "resolver" as dúvidas de Maria, assim como outros problemas que surgem na prática da Avaliação Psicológica e que envolvem conceitos básicos de psicometria. Primeiramente, serão exploradas as definições básicas da TCT. Posteriormente será apresentada a TRI e suas principais aplicações.

TEORIA CLÁSSICA DOS TESTES (TCT)

Em qualquer área do conhecimento (até mesmo para as ciências exatas), o problema da medida é inerente à ciência. Como medir a distância entre duas estrelas, por exemplo, localizadas a anos-luz da terra? Neste contexto, é fácil perceber que as medidas produzidas (mesmo para a o tamanho do parafuso utilizado em naves espaciais) não estão isentas de erros. Na psicologia, a ciência que se ocupa da média e do seu erro é a psicometria.

A medida, em psicologia, pode ser definida como a utilização de números e de categorias para representar um comportamento (BAKER; KIM, 2017; NUNNALLY; BERNSTEIN, 1994). Além dos comportamentos, a psicometria moderna interessa-se pela medida do traço latente ou *theta* (*q*). O traço latente pode ser definido como a habilidade, aptidão ou fator hipotético que organiza e age sobre os comportamentos (DEMARS, 2018; PASQUALI, 2003). Neste sentido, a psicometria moderna se ocupa tanto da medida dos comportamentos quanto dos traços latentes.

Um dos aspectos importantes da medida e do erro na TCT diz respeito à fidedignidade. Neste sentido, a TCT baseia-se na Teoria do Escore Verdadeiro (TEV). A teoria parte do pressuposto que, a despeito do erro de medida, uma parte dos escores dos examinandos é genuinamente verdadeira. Sendo assim, os escores totais observados (e a variância) de um grupo de pessoas são equacionados pela soma dos escores verdadeiros e do erro. Ou seja, escore observado = escore verdadeiro + erro (CROCKER; ALGINA, 1986; NUNNALLY; BERNSTEIN, 1994; VERHELST, 2014).

A fidedignidade refere-se à estabilidade dos escores dos sujeitos em administrações repetidas do mesmo teste ou formas paralelas. Em outras palavras, a fidedignidade (ou precisão) é o grau em que os escores z de um sujeito permanecem consistentes em administrações repetidas de um mesmo teste. Em termos práticos, a fidedignidade, na TCT, indica a porcentagem que representa o escore verdadeiro sobre o escore total. Supondo, por exemplo, que o manual de um teste relate um coeficiente de fidedignidade de 0,85. Por meio da equação da TEV, é correto afirmar que 85% da variância dos escores observados são atribuíveis à variância verdadeira. Além disso, 15% devem-se à variância de erro. Ressalta-se, no entanto, que o coeficiente de fidedignidade para um conjunto de escores é um conceito puramente teórico (CROCKER; ALGINA, 1986).

No que se refere ao item, as principais qualidades da medida avaliadas são a dificuldade, a capacidade de discriminação e a possibilidade de resposta ao chute (NUNNALLY; BERNSTEIN, 1994). O parâmetro da dificuldade do item na TCT é operacionalizado por meio do cálculo da proporção de acerto (NUNNALLY; BERNSTEIN, 1994; VERHELST, 2014). Um item, por exemplo, submetido a 100 participantes e respondido corretamente por 80 deles, teria o seu parâmetro de dificuldade igual a 0,80 (ou seja, 80/100=0,80), indicando que, em média, 80% das pessoas acertam o item. Nota-se que este indicador de dificuldade é apresentado em uma escala invertida: quanto maior o parâmetro de dificuldade mais fácil é o item, pois uma proporção maior de pessoas consegue respondê-lo corretamente. Por este motivo, tem-se dito que o parâmetro de dificuldade na TCT, na realidade, é um indicador de facilidade do item.

O parâmetro discriminação diz respeito à qualidade do item em separar os examinandos em grupos conforme suas capacidades (ou escores). Ou seja, o poder do item em distinguir sujeitos com escores relativamente parecidos. Um item pouco discriminativo tem sua utilidade diminuída, uma vez que pouco auxilia o teste a separar as pessoas mais habilidosas das menos habilidosas. Na TCT, a discriminação é avaliada, principalmente, por meio da correlação bisserial ou pela correlação ponto-bisserial entre o item e o escore total. Neste aspecto, é esperada uma correlação item-total positiva refletindo o fato que as respostas corretas ao item são mais frequentes nos examinandos com escores totais altos. Quanto maior a correlação, maior a discriminação (HAMBLETON; SWAMINATHAN; ROGERS, 1991; NUNNALLY; BERNSTEIN, 1994). Correlações negativas indicam que as respostas corretas ao item são mais frequentes nos examinandos com os menores escores totais. Neste caso, há indícios de que o item apresenta algum problema, normalmente relacionado à troca de gabarito (TOFFOLI, 2019).

Finalmente, na TCT, a avaliação da possibilidade de acerto ao acaso (ou "chute") é dada em função do número de alternativas de resposta. Por exemplo, um item de múltipla escolha com quatro alternativas (A, B, C e D) possui 25% (1 item / 4 alternativas = 0,25) de chance de acerto devido ao acaso (NUNNALLY; BERNSTEIN, 1994). O pressuposto é que o examinando, que não tem a habilidade suficiente para dar a resposta, chutará cegamente, sem avaliar qual das respostas é a mais provável. Destaca-se que este pressuposto da TCT foi amplamente criticado, uma vez que em geral as alternativas incorretas não têm a mesma atratividade (EMBRETSON; REISE, 2000; CROCKER; ALGINA, 1986; HAMBLETON; SWAMINATHAN; ROGERS, 1991).

Uma das principais limitações das medidas obtidas através da TCT é que as estatísticas de pessoas (os escores) são dependentes das características psicométricas dos itens, e as estatísticas psicométricas de itens são dependentes das características do grupo de examinandos. Supondo que um mesmo teste seja aplicado a dois grupos de pessoas com características distintas. Um dos grupos é bem mais habilidoso do que o outro. Neste caso, o parâmetro da dificuldade do teste receberia diferentes indicadores para primeiro e para o segundo grupo. No entanto, o parâmetro da dificuldade deveria ser uma característica do teste e não dos examinandos (TOFFOLI, 2019; HAMBLETON; SWAMINATHAN; ROGERS, 1991; NUNES & PRIMI, 2009).

A Teoria de Resposta ao Item (TRI) surgiu como uma proposta para lidar com estes e outros problemas da TCT. A seguir, serão discutidos os principais aspectos e aplicações da TRI.

TEORIA DE RESPOSTA AO ITEM (TRI)

Conceitos básicos

A TRI é um conjunto de modelos que procuram representar a probabilidade de uma pessoa apresentar uma determinada resposta a um item, considerando os parâmetros do item e o nível de habilidade desta pessoa avaliada (DeMARS, 2018; TOFFOLI, 2019). O surgimento da TRI representou avanços em alguns aspectos da psicometria. Por meio dela é possível estimar os parâmetros dos itens de maneira independente do grupo avaliado, assim como estimar as habilidades dos participantes de maneira independente das características psicométricas dos itens. Além disso, outro avanço é que o item pode ser considerado individualmente em vez do teste como um todo. Finalmente, a fidedignidade do teste pode ser avaliada para diferentes níveis de habilidade, gerando indicadores mais precisos (HAMBLETON; SWAMINATHAN, 1985; HAMBLETON; SWAMINATHAN; ROGERS, 1991; PASQUALI; PRIMI, 2003).

A TRI também é conhecida como a Teoria do Traço Latente, pois considera que as respostas observadas de um teste estão embasadas em traços latentes ou habilidades não observáveis (HAMBLETON; SWAMINATHAN, 1985; PASQUALI, 2007). Sendo as habilidades, representadas pelo q (*theta*), o maior foco da teoria. Neste modelo téorico adota-se uma escala padronizada para mensuração deste valor. Esta escala possui distribruição semelhante ao escore z, podendo assumir valores entre -4 a +4 (HAMBLETON; SWAMINATHAN, 1985; PASQUALI, 2007). Todavia, na maior parte das vezes, o *theta* varia entre -3 e +3 (DE AYALA, 2009).

A TRI possui dois postulados gerais. O primeiro indica que o desempenho (ou escore) de uma pessoa num determinado item pode ser explicado unicamente pelo traço latente da pessoa e pelas caracteristicas do item. Ou seja, a partir do q do participante e das caracteristicas do item é possível estimar a probabilidade dele acertar o item (ou endossá-lo, em escalas de preferência). O segundo postulado indica que é possível expressar a probabilidade do desempenho em função do q por meio de uma curva ascendente, denominada Curva Característica do Item – CCI (BAKER, 2001; HAMBLETON; SWAMINATHAN, 1985; MEIJER; TANDERO, 2018; NUNES; PRIMI, 2009). A CCI especifica que a probalidade de resposta correta é maior conforme o aumento da habilidade. Entretanto, digno de nota é que esta relação não é linear, conforme a Figura 1 (BROWN, 2018; MEIJER; TANDERO, 2018). Por meio da curva de CCI também é possível identificar os parâmetros de dificuldade (b), discriminação (a), acerto ao acaso (c) e descuido (d) dos itens.

Figura 1 - Curva Característica do Item no modelo 4PL (CCI)

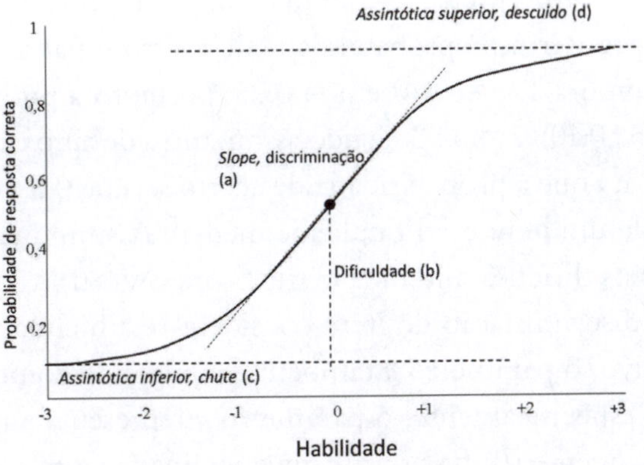

Nos testes de multipla escolha é esperado que algumas pessoas, mesmo com habilidades muito baixas, o respondam corretamente devido ao acaso (acerto ao acaso ou "chute"), ou que pessoas com habilidades altas respondam um item fácil de forma errada por desatenção (erro por "descuido"). Para indicar o tamanho do primeiro efeito utiliza-se o parâmetro c, que se refere simplesmente à probabilidade de acerto ao acaso. Em outras palavras, o parâmetro c indica a probabilidade de um aluno com baixa habilidade responder corretamente ao item. Na CCI este parâmetro corresponde ao valor no qual a curva intercepta o eixo das ordenadas "Y" (eixo da probabilidade de acerto, neste caso). Já o segundo efeito, refere-se à probabilidade de um aluno com alta habilidade em responder errado a um item, mesmo que fácil, e para isto se utiliza o parâmetro d. Na Figura 1, o item apresenta o parâmetro c estimado em 0,10. Ou seja, uma pessoa mesmo com uma habilidade muito baixa possui cerca de 10% de chances de responder corretamente ao item devido ao acaso (HAMBLETON; SWAMINATHAN, 1985; LORD, 1980). Ainda nesta figura, o parâmetro d é de aproximadamente 0,95, indicando que mesmo uma pessoa com habilidade muito alta possui certa de 5% de chances de errar o item devido ao acaso, descuido ou outros fatores (BARTON; LORD, 1981; MAGIS, 2013).

O valor do parâmetro b representa o tamanho de q necessário para que o item seja respondido corretamente ou endossado. Se desconsiderado o chute e o descuido (i.e $c = 0$ e $d = 1$), o b representa a habilidade q necessária para ter uma probabilidade de acerto igual 0,50. O parâmetro b está localizado no ponto de inflexão da curva, e quanto maior for o seu valor, mais difícil é o item (HAMBLETON; SWAMINATHAN, 1985). Para itens com c diferente de 0 ou d diferente de 1 é necessário fazer um pequeno ajuste à interpretação. Neste caso, o b representa a habilidade q necessária para ter uma probabilidade de acerto igual a $(d + c)/2$. No exemplo da Figura 1, $c = 0,10$ e $d = 0,95$, portanto a probabilidade de acerto $= (0,95+0,10)/2 = 0,53$. Sendo assim, um q de aproximadamente 0 é suficiente para que a probabilidade de acerto seja de 0,53 (o que indica que se trata de um item de dificuldade média). Assim, quando maior o valor de b, mais difícil é o item (HAMBLETON; SWAMINATHAN, 1985).

Para a discriminação do item considera-se a inclinação da curva. Por este motivo, o parâmetro a também é conhecido como *slope* (inclinação). Mais especificamente, o parâmetro a representa a inclinação da derivada da tangente (linha pontilhada e inclinada na Figura 1) da CCI no momento em que ela incide sobre o parâmetro *b*, isto é, o ponto de inflexão. Quanto maior a inclinação, maior a discriminação do item. Baixos valores de *a* indicam que o item tem pouco poder para diferenciar examinandos com habilidades *q* semelhantes (HAMBLETON; SWAMINATHAN, 1985; NAKANO; PRIMI; NUNES, 2015).

Uma das vantagens da TRI, em comparação com a TCT, refere-se a estimação dos parâmetros de itens e da habilidade do examinando. Na TRI, pelo menos teoricamente, a estimativa de habilidade do examinando não depende dos parâmetros dos itens, assim como os parâmetros dos itens independem das habilidades dos participantes. Ressalta-se que esta independência somente ocorre quando os pressupostos da TRI são satisfeitos e quando os dados se adequam ao modelo da TRI.

Na parte inferior da Figura 2 são indicadas as distribuições de habilidades dos grupos A e B. Nota-se que o grupo B é, em média, um pouco mais habilidoso do que o grupo A. Caso este item fosse analisado pela TCT, a proporção de questões respondidas corretamente seria maior para o grupo B. Consequêntemente o parâmetro dificuldade acompanharia esta tendência, e o item seria estimado como mais fácil para o grupo B do que para o Grupo A. Entretanto naTRI, embora as curvas de distribuição das habilidades do grupo A e B sejam diferentes, conforme Figura 2, as estimativas vão resultar na mesma CCI (se os pressupostos da TRI forem satisfeitos). Sendo assim, o item e a habilidade são compreendidos como invariantes (BROWN, 2018; HAMBLETON; SWAMINATHAN, 1985).

Figura 2 - Curva Característica do Item estimada para dois grupos com distribuições de habilidades *q* diferentes

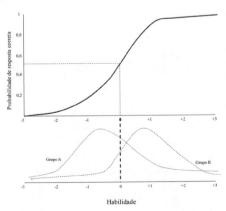

Outro conceito básico importante para a TRI é o da curva de informação (CI). Existem dois tipos de CI: Uma para o item (CII - curva de informação do item) e uma para o teste (CIT - curva de informação do teste). Ambas são definidas como a quantidade de informação fornecida pelo item (ou teste) para avaliação da habilidade q (DE AYALA, 2009; DEMARS, 2018; PASQUALI, 2007). Por meio dela é possível avaliar para quais intervalos de habilidade o item é mais útil, considerando a maior quantidade de informação; bem como para qual faixa eles agregam mais erro do que informação. Ressalta-se que cada item de um teste possui uma CII, contribuindo para a CIT geral do teste. Alguns aspectos podem impactar na informação de um teste: (a) quanto maior a discriminiação dos itens (parâmetro a), maior será a informação; (b) a CI é maior quando o parâmetro b for igual ao q médio do grupo de examinandos; (c) a CI diminui em função do acerto ao acaso (parâmetro c); (d) a CI aumenta conforme o acréscimo de itens (BAKER, 2001). A Figura 3 contém uma CIT ilustrativa de um teste. A curva de línha contínua indica a informação do teste para os diferentes níveis de q, enquanto a curva de linha pontilhada indica o erro padrão de medida. Neste exemplo, a maior quantidade de informação é relativa às habilidades entre -1 e 0. Para os níveis de q inferiores a -2 e superiores a +1 o teste produz mais erro do que informação legítima. Em suma, é possível avaliar que o teste, neste exemplo, seria mais indicado para pessoas com habilidades médias.

Figura 3 - Curva de informação do teste (CIT)

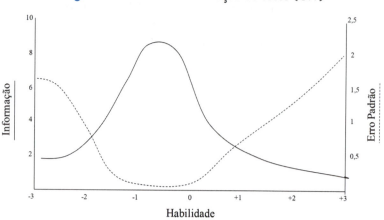

MODELOS DA TRI

Hambleton, Swaminathan e Rogers (1991) salientaram que, embora seja possível conceber um número bastante grande de modelos de TRI, poucos são utilizados na prática. **O número de parâmetros estimados e o tipo de resposta ao item (dicotômico e escala Likert, por exemplo) são as principais características que diferenciam os modelos. De maneira geral, os mais utilizados são os modelos logísticos de um, dois e três parâmetros para itens dicotômicos, bem como os modelos para itens politômicos** (BROWN, 2018; NAKANO; PRIMI; NUNES, 2015; LORD, 1980).

O modelo de um parâmetro foi criado por Rasch (1960) e posteriormente adaptado para um modelo logístico por Wright e Stone (1979). Nesta perspectiva, é avaliada somente a dificuldade dos itens, ou seja, o parâmetro b. Sendo assim, assume-se que a dificuldade do item é a única característica do item que infuncia o desempenho do examinando. Além disso, pressupõe-se que todos os itens possuem níveis iguais de discriminação. Na escala q, itens com b inferiores a -2 podem ser considerados fáceis e itens com b superiores a +2, difíceis (HAMBLETON; SWAMINATHAN, 1985). A equação do modelo logístico de um parâmetro é definida como segue:

$$P(U_{ij} = 1 \mid \theta_j) = \frac{1}{1 + e^{-D\,(\theta_j - b_i)}}$$

Onde,

$P(U_{ij} = 1 \mid \theta_j) = $ é a probabilidade de um indivíduo com habilidade θj responder corretamente ao item i;

D é uma constante e igual a 1 (quando se deseja comparar o modelo logístico com os resultados obtidos pelo modelo da função ogiva normal, utiliza-se $D = 1,7$);

e é uma constante igual à 2,718;

b_i é o parâmetro de dificuldade do item i.

Espera-se que essa equação não cause pesadelos à Maria que está buscando auxílio a uma demanda de avaliação psicológica prática.

Entretanto, esta equação diz respeito simplesmente à curva que representa o modelo de um parâmetro. Retirando as constantes e e D, restará apenas o parâmetro b e o q que determinam a probabilidade de acertar o item.

O modelo de dois parâmetros foi desenvolvido por Lord (1980), sendo adaptado posteriormente por outros autores. Neste modelo, além do parâmetro de dificuldade b, também se avalia a capacidade discriminativa dos itens (parâmetro a). Segue a equação do modelo de dois parâmetros:

$$P(U_{ij} = 1 \mid \theta_j) = \frac{1}{1 + e^{-D\,a_i(\theta_j - b_i)}}$$

Maria deve ter notado que a única alteração da equação do modelo de um parâmetro para o de dois parâmetros é a inserção da letra "a_i", que corresponde, exatamente à discriminação do item i. Na CCI, este parâmetro refere-se a inclinação do curva, sendo que as curvas mais inclinadas indicam itens mais úteis para diferenciar as habilidades dos avaliandos (DE AYALA, 2009). Teoricamente o parâmetro a pode assumir valores entre $-\infty$ e $+\infty$. Entretanto, itens com discriminação menor do que 0 devem ser excluídos, pois algo deve estar errado com este item. Isto ocorre, geralmente, em razão de um gabarito errado ou de itens confusos, nos quais há mais de uma alternativa correta. Portanto, na prática, a discriminação varia de 0 a 2. Baker (2001) afirma que os valores de b entre 0,65 e 1,34 indicam um poder discriminativo moderado do item; entre 1,35 e 1,69, alto; e acima de 1,70, muito alto. Embora seja desejável itens com discriminação minimamente moderada, itens extremamente discriminativos não são úteis para algumas situações de avaliação psicológica, pois separam os indivíduos basicamente em dois grupos (com e sem habilidade q).

O modelo logístico de quatro e três parâmetros também desenvolvido por Lord (1974, 1980) acrescentou o parâmetro da probabilidade de acerto ao acaso, ou pseudo-probabilidade de acerto (representado pela letra "c") e o parâmetro de erro por descuido (representado pela letra "d"). Para a equação deste modelo, Maria já espera que sejam inseridos os parâmetros c e d (e alguns ajustes, obviamente). Sendo assim, a equação do modelo de quatro parâmetro pode ser escrita da seguinte forma:

$$P_i(U_{ij} = 1 \mid \theta_j) = c_i + (d - c_i)\frac{1}{1 + e^{-Da_i(\theta - b_i)}}$$

Os modelos de três e quatro parâmetros são úteis para os testes nos quais são oferecidas as alternativas de respostas (ou opções de marcação). O parâmetro c pode variar de 0 a 1. Espera-se que, para itens bons com cinco alternativas, o parâmetro c não ultrapasse 0,20 (1 / 5 alternativas = 0,20); para quatro alternativas, o valor máximo seria de 0,25 (ANDRADE; LAROS; GOUVEIA, 2010). Para itens problemáticos, o parâmetro c aumenta com a presença de alternativas não atraentes ou que estejam obviamente incorretas. Ou seja, para os itens nos quais é bastante fácil detectar uma ou duas alternativas incorretas, restarão apenas outras duas ou três alternativas para o "chute", o que aumenta a probabilidade de acerto ao acaso. No caso do parâmetro d, espera-se valores próximos de 1, de maneira que valores baixos podem apontar para problemas na construção do item, pois uma pessoa muito habilidosa teria probabilidade considerável de oferecer uma resposta incorreta. Isso pode ocorrer como consequência de itens com distratores confusos ou demasiadamente cansativos e desmotivadores. Valores baixos do parâmetro d também podem ser causados por um tempo limite muito restrito.

Os modelos anteriormente apresentados pressupõem a utilização de itens dicotômicos. Na prática, estes são os mais utilizados pelos profissionais da área. Todavia, é necessário destacar que uma grande parte dos testes psicológicos utilizam itens politômicos (escala Likert de quatro pontos, por exemplo). Para que a TRI seja utilizada na construção destes instrumentos, alguns modelos para escalas politômicas foram propostos (ver, por exemplo, ANDRICH, 1978; BROWN, 2018; DE AYALA, 2009; SAMEJIMA, 1974).

Nos modelos de TRI para itens politômicos são estimadas as probabilidades de um participante dar a resposta da categoria x ao item i. Sendo assim, passa-se a avaliar a probabilidade de endosso da categoria x, em vez da resposta certa. O tipo de escala utilizada pelo item é a diferença básica entre os dois principais modelos. O modelo de resposta gradual de Samejima (1974) assume que as categorias do item podem ser ordenadas entre si. Enquanto o modelo de escala gradual proposto por Andrich (1978) assume que, além da possibilidade de ordenar as categorias, os escores das categorias são igualmente espaçados.

Note que os modelos politômicos são representados graficamente, por meio das CCI's, em relação às categorias, além da habilidade e probabilidade de endosso (Brown, 2018; DeMars, 2018; Nakano; Primi; Nunes, 2015). Na Figura 4 é apresentado um exemplo de CCI para itens politômicos (modelo de escala gradual).

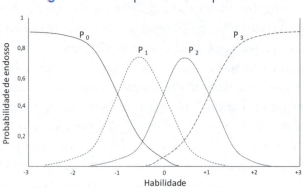

Figura 4 - CCI's para um item politômico

A Figura 4 refere-se a um item politômico com quatro possibilidades de resposta. Portanto são apresentadas quatro curvas, cuja ordem indica que os participantes com maiores níveis de habilidade (ou traço latente, neste caso) tendem a endossar as categorias que representam os valores mais altos (Engelhard, 2014; Meijer; Tendeiro, 2018). Supondo, por exemplo, que o item corresponda a avaliação do sentimento de felicidade na última semana. A categoria 0 indicaria a resposta de pouco feliz e a categoria 3, muito feliz. Na figura 3, pessoas com q até -1 tenderiam a endossar a categoria 0. Já as pessoas com q entre -1 e 0 tenderiam a alcançar a categoria 1. A maior probabilidade de resposta para as pessoas com q entre 0 e +1 é a categoria 2. Finalmente, as pessoas com q maior do que +1 tenderiam a endossar a categoria 3.

Vale destacar que existem três modelos para escalas politômicas que têm sido utilizada bastante por profissionais da área. O primeiro modelo é o Modelo de Créditos Parciais (PCM, em inglês; ver MASTERS, 1982), que é semelhante ao modelo Rasch. Isto porque no PCM é avaliado as etapas necessárias para se chegar a uma resposta certa; ou seja, é necessário mais de uma etapa para se chegar à opção correta, dando um 'crédito' para cada etapa envolvida (De AYALA, 2009; Meijer; Tendeiro, 2018).

O segundo modelo mais comumente utilizado é o Modelo Generalizado de Créditos Parciais. Sua diferença está na possibilidade de estimar o parâmetro b, já que este parâmetro no PCM é uma constante (De Ayala, 2009; Engelhard, 2014; Meijer; Tendeiro, 2018).

O terceiro modelo é o Modelo de Respostas Graduais (GRM, em inglês, ver Samejima, 1969) é bastante recomendado para escalas do tipo Likert (comumento usada em inventários, questionários, etc.), já que cada item é avaliado a partir do *slope* do parâmentro de discriminação, a. Assim, opções mais fáceis para testandos com menor nível de traço latente é melhor discriminado em relação a opções que são escolhidas por testandos com maior nível θ (Meijer; Tendeiro, 2018).

PRESSUPOSTOS

Da mesma forma que outros modelos de estimação, a TRI possui alguns pressupostos. Um deles diz respeito à unidimensionalidade. Ou seja, para estimação dos parâmetros é condição necessária que o conjunto de itens avalie apenas um único traço latente. As respostas a um teste de matemática, por exemplo, não podem sofrer influência da compreensão de língua portuguesa dos participantes. O problema deste pressuposto é que ele dificilmente pode ser plenamente satisfeito. As respostas a um teste de inteligência, por exemplo, dificilmente estão isentas de uma série de outros aspectos, tais como motivação, experiência prévia em outras testagens, calma para responder, etc. Para resolver este paradoxo, alguns autores têm ressaltado que a presença de um traço latente dominante é o suficiente para satisfazer este pressuposto (Hambleton; Swaminathan; Rogers, 1991; Condé; Laros, 2007; Laros; Pasquali; Rodrigues, 2000; Vitória; Almeida; Primi, 2006). Destaca-se que, a despeito das dificuldades, é importante avaliar a unidimensionalidade. Condé e Laros (2007) concluiram, por meio de um estudo empírico com aproximadamente 19 mil alunos, que a estimação da habilidade dos respondentes depende menos da dificuldade dos conjuntos de itens conforme aumenta a unidimensionalidade. Em outra palavras, a invariância das estimativas da habilidade (uma das vantagens da TRI sobre a TCT) aumenta em função da unidimensionalidade. No intuito de avaliar este pressuposto, a Análise Fatorial de Informação Plena (*Full Information Factor Analysis –*

FIFA) é frequentemente utilizada para itens dicotômicos. Para os testes que avaliam mais de uma dimensão (por exemplo, testes de personalidade) uma solução adotada é estimar os parâmetros dos itens para cada fator. Neste caso, deve-se garantir a unidimensionalidade dos fatores por meio de uma análise fatorial prévia.

Outro pressuposto importante é o da independência local. Ele visa garantir que os itens sejam respondidos exclusivamente em função da habilidade θ dominante. Em outras palavras, a resposta de um examinando a um item x não afeta sua resposta aos demais itens (HAMBLETON; SWAMINATHAN, 1985; LORD, 1980). Em caso de violação do pressuposto, as respostas dos participantes passam a sofrer influências de aspectos não controlados na análise. Por exemplo, se o próprio item oferecer dicas da resposta correta, algumas pessoas perceberão tais dicas e outras não. Neste caso, o fator "perceber as dicas" estaria influenciando as respostas dos examinandos, sem o controle do pesquisador. A melhor maneira de lidar com este problema é previní-lo durante a construção dos itens (EMBRESTON; REISE, 2000). Em geral o pressuposto da independência local pode ser assumido uma vez que o pressuposto da unidimensionalidade é satisfeito (CONDÉ; LAROS, 2007; PASQUALI; PRIMI, 2003).

O tamanho da amostra, embora não seja exatamente um pressuposto, também é um aspecto importante da TRI. A amostra tem sido um "calcanhar de Aquiles" para a psicologia e para as Ciências Humanas em geral. Na TRI não há concenso sobre o seu tamanho ideal. Autores sugerem um número mínimo entre 100 e 300 participantes (COMREY; LEE, 1992; PASQUALI, 2007). A despeito desta divergência, um ponto de corte testado empiricamente foi apresentado por Nunes e Primi (2005). Eles avaliaram diversas subamostras de um banco com 44 mil participantes. Suas conclusões indicaram que as estimativas dos parâmetros tendem a ser mais estáveis quando geradas com amostras maiores de 200 sujeitos.

PRINCIPAIS APLICAÇÕES

Tendo discutido os conceitos básicos, modelos e pressupostos da TRI, serão apresentadas, nesta seção, algumas das principais aplicações da TRI. Destaca-se a construção de instrumentos, a equalização e a testagem computadorizada.

Inegavelmente, a principal utilização da TRI é na construção de instrumentos e nas análise das suas qualidades psicométricas. **Nunes e Primi (2009) destacam o frequente uso da TRI na seleção dos itens para as versões finais dos instrumentos. Normalmente, a partir dos parâmetros estimados seleciona-se os itens mais discriminativos, bem como os que apresentam os níveis de dificuldade mais adequados para a população alvo do teste. Sendo assim, busca-se eliminar os itens que pouco contribuem para curva de informação do teste. Por meio desta seleção, também é possível diminuir o número de itens do teste, sem, no entanto, causar impacto negativo na qualidade do instrumento.**

Outra importante aplicação da TRI diz respeito ao processo de equalização. Este tem como objetivo tornar comparável os escores de dois grupos de pessoas (ou mais) submetidos a duas versões distintas de um teste, desde que ambos avaliem o mesmo construto (KOLEN; BRENNAN, 2010). Por exemplo, o escore de Maria no teste de inteligência x torna-se comparável com o escore de João no teste de inteligência y, desde que mantidos alguns pressupostos. Este procedimento é bastane útil quando não é possível aplicar o mesmo instrumento em dois momentos e/ou grupos. Por exemplo, um pesquisador está interessado em avaliar o desenvolvimento cognitivo de bebês, crianças, adolescente e adultos. Considerando a dificuldade de encontrar um único instrumento que avalie todas estas faixas etárias, o pesquisador constrói quatro testes e os aplica. Obviamente este pesquisador é bastante inteligente e pensou nos pressupostos, o que lhe permitiu comparar o desenvolvimento cognitivo destes quatro grupos submetidos a quatro testes diferentes.

A equalização na TRI é possível ao considerar que a estimação da habilidade θ de um examinando é invariante entre os itens do teste. Ou seja, conhecidos os parâmetros dos itens, dois grupos de participantes que respondem a dois testes distintos terão suas habilidades estimadas na mesma escala, tornando-os comparáveis. A psicóloga recém-formada Maria, agora, deve entender como tal comparação é possível. Entretanto, ainda é necessário informá-la que isso pode ser realizado somente se alguns pressupostos forem observados. Além dos pressupostos usuais da TRI discutidos anteriormente, é importante que ambos os testes (ou subtestes) avaliem exatamente o mesmo construto psicológico. Caso um teste avalie ansiedade e outro depressão, por exemplo, o processo de equalização torna-se inviável. Outro pressuposto importante é a presença de um delineamento que permita lincar os diferentes testes (*linking designs*). Embora existam quatro ou cinco delineamentos conhecidos, os mais utilizados são o de itens âncoras e o de grupos em comum. No delineamento de itens âncoras são construídos dois ou mais testes distintos, mas que mantêm alguns itens (âncoras) em comum. Sendo assim, os testes são lincados por meio destes itens comuns. Outro delineamento possível diz respeito à construção de testes distintos para grupos distintos, mas também aplicados, concomitantemente, a um grupo comum. Neste caso, o grupo comum responderia a ambos os testes, permitindo o linque (HAMBLETON; SWAMINATHAN; ROGERS, 1991).

Finalmente a TRI é utilizada nas principais testagens adaptativas computadorizadas (TAC – *Computerized Adaptative Testing*, CAT). Tendo como base os parâmetros da TRI, um sistema informatizado seleciona e aplica os itens mais adaptados ao perfil do participante. Maria deve estar lembrada que por meio da curva de informação é possível saber para quais níveis de habilidade um determinado item é mais indicado. Por um lado a aplicação de itens de inteligência muito difíceis, por exemplo, pode facilmente desistimular um examinando com baixas habilidades cognitivas. Por outro lado, itens muito fáceis podem ser ridicularizados por pessoas com altas habilidades cognitivas. Sendo assim, a aplicação de itens de dificuldade condizentes com a habilidade θ do participante pode aumentar a confiabilidade dos escores e diminuir o tempo de aplicação (HAMBLETON; SWAMINATHAN; ROGERS, 1991; NUNES; PRIMI, 2009).

Embora os algorítimos envolvidos sejam complexos, a lógica da TAC é bastante simples. O computador, primeiramente, seleciona alguns itens de boa discriminação e dificuldade média. Então é realizada uma estimativa preliminar da habilidade θ do examinando com base nas respostas a estes itens iniciais. Conforme o participante erra ou acerta, o computador seleciona e apresenta, respectivamente, itens mais fáceis ou difíceis. Durante este processo a estimativa de habilidade é ajustada. O computador encerra o processo ao atingir um número pré-determinado de itens e/ou a um valor de erro mínimo, também pré-determinado (HAMBLETON; SWAMINATHAN; ROGERS, 1991; DE AYALA, 2009).

Além das vantagens de maior precisão e menor tempo de testagem oferecidas pela TAC, ela reduz consideravelmente

o grave problema relacionado à divulgação de gabaritos e das respostas dos testes (Nunes; Primi, 2009). Ora, os itens respondidos por um participantes são distintos daqueles respondidos por outro participante e assim por diante. Alguns itens são obviamente repetidos, mas apresentados, normalmente, em ordem diferente. Tudo isso dificulta o processo de memorização, cópia e divulgação dos itens, evitando fraudes nos processos de avaliação psicológica. Obviamente, quanto maior e melhor for o banco de itens disponível ao sistema informatizado, mais precisos serão os resultados e menores serão os problemas com a divulgação do teste. Reside aqui a principal dificuldade da TAC: custo! Para montar um banco suficientemente grande e bom, o custo financeiro é razoavelmente elevado.

Não seria justo encerrar este subcapítulo sem mencionar as aplicações nas avaliações educacionais. Sem dúvida, A TRI têm sido bastante útil em provas nacionais, tais como ENEM, SAEB, avaliação dos estudantes de São Paulo, Rio de Janeiro e Bahia, dentre outros; bem como internacionais, tais como o SAT (EUA) e o exame TOEFL. Todavia esta discussão extrapola o escopo deste capítulo. Para maiores informações sugerimos as seguintes referências: Laros, Pasquali e Rodrigues (2000); Nunes e Primi (2009), dentre outros.

CONSIDERAÇÕES FINAIS

Este capítulo teve como objetivo apresentar uma introdução sobre a Teoria Clássica dos Testes e a Teoria de Resposta ao Item. Embora tenha-se explicado brevemente os principais aspectos da TCT, nosso foco maior era discutir a TRI, considerando sua crescente utilização. Este foco, obviamente, não é reflexo da importância das teorias. **Embora a TRI represente alguns avanços na ciência psicométrica, a TCT, de forma alguma, deve perder o seu espaço. A TCT ainda é bastante útil em diversos contextos.** A TCT, aparentemente, apresenta a vantagem de maior robustez à violação dos pressupostos em comparação com a TRI. Além disso, existe um número relativamente pequeno de pesquisas sobre o efeito de tais violações nas estimativas dos parâmetros e habilidades geradas pela TRI. Ademais, a TCT e a TRI apresentam correlações altas no que diz respeito às estimativas de dificuldade e de habilidade, indicando que elas são muito parecidas nesses aspectos (FAN, 1998; MacDONALD; PAUNONEN, 2002).

Espera-se que este capítulo tenha auxiliado a psicóloga Maria a resolver a suas dúvidas. Maria precisa escolher, aplicar e analisar alguns testes psicológicos. Esta tarefa deve estar embasada na adequação dos instrumentos à demanda de avaliação, bem como na qualidade psicométrica dos instrumentos. Portanto, acreditamos que o conhecimento básico de psicometria é fundamental para a utilização adequada dos testes psicológicos.

QUESTÕES

1. Quais são as vantagens e desvantagens da TRI? Tais vantagens e desvantagens indicam que se deva abandonar a TCT?

2. Elabore um quadro resumo contendo os principais conceitos e características da estimação dos parâmetros de dificuldade, discriminação e chute na TCT e TRI. Destaque as principais semelhanças e diferenças.

3. Defina a Curva de Informação do Teste e a Curva de Informação do Item. Indique suas principais utilidades.

4. Quais são os pressupostos dos principais modelos da TRI? Por que é importante avaliá-los?

5. Quais são as principais aplicações da TRI? Qual delas você julga ser a mais relevante para a avaliação psicológica. Justifique a sua escolha.

REFERÊNCIAS

ANDRICH, D. A rating formulation for ordered response categories. *Psychometrika,* v. 43, p. p. 561-573, 1978.

BAKER, F. B. *The basics of Item Response Theory* (2 ed.). New York: Eric Clearinghouse on Assessment and Evaluation, 2001.

BAKER, F. B.; KIM, S-H. *The basics of Item Response Theory using R.* Cham: Springer Nature, 2017.

BARTON, M. A.; LORD, F. M. *An upper asymptote for the three-parameter logistic item-response model.* Princeton, NJ: Educational Testing Service, 1981.

BROWN, A. Item Response Theory approaches to test scoring and evaluating the score accuracy. In: IRWING, P.; BOOTH, T.; HUGHES, D. J. (Eds.). *The Wiley Handbook of Psychometric Testing*: a Multidisciplinary Reference on Survey, Scale, and Test Development. West Sussex: John Wiley & Sons, 2018. p. 607-638.

COMREY, A. L.; LEE, H. B. *A first course for identifying biased test items*. Hillsdale: Erlbaum, 1992

CONDÉ, F. N.; LAROS, J. A. Unidimensionalidade e propriedade de invariância das estimativas da habilidade pela TRI. *Avaliação Psicológica*, v. 6, p. 205-215, 2007.

CROCKER, L.; ALGINA, J. *Introduction to classical and modern test theory*. New York: Harcourt Publishers, 1986.

De AYALA, R. J. *The theory and practice of Item Response Theory*. New York: The Guilford Press, 2009.

DeMARS, C. E. Classical Test Theory and Item Response Theory. In: IRWING, P.; BOOTH, T.; HUGHES, D. J. (Eds.). *The Wiley Handbook of Psychometric Testing*: a Multidisciplinary Reference on Survey, Scale, and Test Development. West Sussex: John Wiley & Sons, 2018. p. 413-443.

EMBRETSON, S. E.; REISE, S. P. *Item response theory for psychologists*. Mahwah, NJ: Lawrence Erlbaum, 2000.

ENGELHARD, G. *Item Response Theory models for rating scale data*. Wiley StatsRef: Statistics Reference Online, 2014.

FAN, X. Item Response Theory and Classical Test Theory: An empirical comparison of their item/person statistics. *Educational and Psychological Measurement*, v. 58, p. 357-381, 1998.

HAMBLETON, R. K.; SWAMINATHAN, H. *Item Response Theory*: Principles and applications. Boston: Kluwer Nijhoff Publishing, 1985.

HAMBLETON, R. K.; SWAMINATHAN, H.; ROGERS, H. J. *Fundamentals of Item Response Theory*. London: Sage, 1991.

KOLEN, M. J.; BRENNAN, R. L. *Test equating, scaling, and linking: Methods and practices* (2 ed.). New York: Springer, 2010.

LAROS, J. A.; PASQUALI, L.; RODRIGUES, M. M. *Análise da unidimensionalidade das provas do SAEB. Relatório Técnico*. Brasília: UnB, CPAE, 2000.

LORD, F. M. Estimation of latent ability and item parameters when there are omitted responses. *Psychometrika*, v. 39, p. 247-267, 1974.

LORD, F. M. *Applications of item response theory to practical testing problems.* Hillsdale, NJ: Lawrence Eribaum, 1980.

MacDONALD, P.; PAUNONEN, S. V. A Monte Carlo comparison of item and person statistics based on Item Response Theory versus Classical Test Theory. *Educational and Psychological Measurement,* v. 62, p. 921-943, 2002.

MAGIS, D. A Note on the Item Information Function of the Four-Parameter Logistic Model. *Applied Psychological Measurement, v. 37,* n. 4, p. 304-315, 2013.

MASTERS, G. N. A Rasch model for partial credit scoring. *Psychometrika,* v. 47, p. 149-174, 1982.

MEIJER, R. R.; TENDEIRO, J. N. (2018). Unidimensional item response theory. In: IRWING, P.; BOOTH, T.; HUGHES, D. J. (Eds.). *The Wiley Handbook of Psychometric Testing*: a Multidisciplinary Reference on Survey, Scale, and Test Development. West Sussex: John Wiley & Sons, 2018. p. 413-443.

NAKANO, T. C.; PRIMI, R.; NUNES, C. H. S. S. Análise de itens e Teoria de Resposta ao Item. In: HUTZ, C. S.; BANDEIRA, D. R.; TRENTINI, C. M. (Orgs.). *Psicometria.* Porto Alegre, RS: Artmed, 2015. p. 97-124.

NUNES, C. H.; PRIMI, R. Impacto do tamanho da amostra na calibração de itens e estimativa de escores por Teoria de Resposta ao Item. *Avaliação Psicológica,* v. 4, p. 141-153, 2005.

NUNES, C. H.; PRIMI, R. Teoria de Resposta ao Item: Conceitos e aplicações na psicologia e na educação. In: HUTZ, C. S. (Org.). *Avanços e polêmicas em avaliação psicológica.* São Paulo: Casa do Psicólogo, 2009. p. 25 -70.

NUNNALLY, J. C.; BERNSTEIN, I. H. *Psychometric Theory.* 3. ed. New York: McGraw-Hill, 1994.

PASQUALI, L. *Psicometria*: Teoria dos testes na Psicologia e na Educação. Petrópolis, RJ: Vozes, 2003.

PASQUALI, L. *TRI - Teoria de Resposta ao Item*: Teoria, Procedimentos e Aplicações. Brasília: LabPAM, 2007.

PASQUALI, L.; PRIMI, R. Fundamentos da Teoria da Resposta ao Item - TRI. *Avaliação Psicológica,* v. 2, p. 99-110, 2003.

RASCH, G. *Probabilistic models for some intelligence and attainment tests.* Chicago: Mesa Press, 1960.

SAMEJIMA, F. (1974). Normal ogive model on the continuous response level in the multi-dimensional latent space. *Psychometrika*, v. 39, p. 111-121, 1974.

TOFFOLI, S. F. L. Análise da qualidade de uma prova de matemática do Exame Nacional do Ensino Médio. *Educação e Pesquisa*, v. 45, 2019.

VERHELST, N. Test theory: Some basic notions. *Education and Science*, v. 39, n. 172, p. 3-19, 2014.

VITÓRIA, F.; ALMEIDA, L. S.; PRIMI, R. Unidimensionalidade em testes psicológicos: conceito, estratégias e dificuldades na avaliação. *Revista de Psicologia da Vetor*, 7, 1-7, 2006.

WRIGHT, B. D.; STONE, M. H. *Best test design*. Chicago: Mesa Press, 1979.

CAPÍTULO 5

VALIDADE E PRECISÃO DE TESTES PSICOLÓGICOS

Gisele Alves
Mayra Silva de Souza
Makilim Nunes Baptista

INTRODUÇÃO

Todos os psicólogos já ouviram falar dos conceitos de validade e precisão, mesmo que nunca tenham tido a necessidade de se aprofundar neles. Esses dois conceitos psicométricos em questão são imprescindíveis na prática do psicólogo que faz uso de testes psicológicos. Desse modo, esse capítulo teve o objetivo de abordar os conceitos desses parâmetros psicométricos de validade e precisão. Nessa introdução foi feita primeiramente uma contextualização da importância e abordagem desses conceitos nos cursos de graduação em Psicologia, da popularização desses conceitos numa visão histórica envolvendo ações e normativas do Conselho Federal de Psicologia. No subtópico "Validade", são expostos os conceitos e tipos de validade segundo duas visões, uma considerada clássica e outra contemporânea, ao passo que, em "Precisão", são expostos a definição, os métodos para se obter a precisão dos testes e suas possíveis fontes de erro. Finalizando o corpo teórico do capítulo, são discutidas brevemente as relações entre os dois parâmetros de validade e precisão, além das considerações finais desses atributos de maneira a operacionalizá-los no processo avaliativo.

A avaliação psicológica e a psicometria são indissociáveis, de forma que são os parâmetros psicométricos que ancoram os instrumentos utilizados no processo avaliativo, conferindo-lhes cientificidade (GOLINO, 2017). Esses conteúdos, por vezes, são equivocadamente considerados menos importantes tanto por professores quanto por alunos, fato que, somado a diversas outras variáveis, pode resultar na má formação específica em Avaliação Psicológica dos profissionais de Psicologia (NORONHA; BARROS; NUNES; SANTOS, 2014; NORONHA et al, 2013; PRIMI, 2010).

Sobre a formação específica em avaliação psicológica, são apontados vários entraves como: a abordagem geral e reduzida do conteúdo, com carga horária insuficiente, incompatível com a demanda prática da área, primazia do ensino tecnicista e quantitativo, precariedade no ensino da confecção de documentos psicológicos, precariedade de recursos materiais disponíveis, assim como a dificuldade de uma formação continuada (AMBIEL; BAPTISTA; BARDAGI; SANTOS, 2018; BARDAGI et al, 2015; BORSA, 2016; FREIRES et al,, 2017; GOUVEIA, 2018; MENDES; NAKANO; SILVA; SAMPAIO, 2013; NORONHA et al, 2010; NUNES et al, 2012). Nesse cenário ainda desejoso em termos de formação, é importante considerar os conteúdos de validade e precisão como fundamentais para a prática da avaliação psicológica, uma vez que eles ajudam a traçar os alcances e limites dos testes utilizados no processo, ajudando na sua conclusão (AMBIEL; CARVALHO, 2017).

Os conceitos de validade e precisão popularizaram-se no meio profissional com o movimento do Conselho Federal de Psicologia (CFP), em 2001, que se preocupou com a melhora da qualidade dos testes, que até então estavam sendo utilizados na prática profissional do psicólogo, em avaliação psicológica. Essa ação foi reflexo da crise do uso de testes, na década de 1960, na qual esses deixaram de ser utilizados porque acreditava-se que eles não cumpriam seus objetivos propostos (HUTZ; BANDEIRA, 2003; URBINA, 2007). Assim o CFP criou o Sistema de Avaliação dos Testes Psicológicos (SATEPSI), com o intuito de avaliar de forma objetiva uma porção de requisitos técnicos e científicos que os testes devem cumprir para que possam ser utilizados na prática profissional. Dentre outras exigências, como, por exemplo, a apresentação de fundamentação teórica do instrumento, um teste precisa possuir evidências empíricas de validade e precisão relatadas em seu manual para que seja aprovado para o uso profissional e seja devidamente comercializado (CFP, 2018).

Um exemplo de teste que foi muito utilizado na prática do psicólogo e gerou muita polêmica pelo questionamento da sua validade é o teste de *Wartegg*. Trata-se de uma técnica gráfica para avaliação da personalidade segundo a teoria dos arquétipos de Jung. São apresentados estímulos em 8 campos, nos quais, basicamente, o respondente deve continuar o desenho.

Estudos realizados com o teste em questão – como o de Salazar, Tróccoli e Vasconcellos (2001) e o de Souza, Primi e Miguel (2007) –, não conseguiram encontrar evidências de validade suficientes para sustentar as interpretações sugeridas no seu manual, e dessa forma, não é possível assegurar o que o teste realmente avalia, o que impossibilita seu uso na prática profissional. No entanto, isto não impede que novos estudos sejam realizados com este instrumento com o objetivo de buscar evidências de validade, bem como com outros objetivos relacionados às qualidades psicométricas do teste. Esse teste poderá ser utilizado novamente, após ser considerado aprovado quando da apreciação feita pelo Conselho Federal de Psicologia, caso cumpra os requisitos mínimos obrigatórios, incluindo evidências empíricas de validade, bem como índices de precisão adequados (dos quais trataremos nos próximos tópicos) para as interpretações sugeridas a partir das respostas ao teste. A partir desses critérios, os testes podem ser considerados favoráveis ou não para o uso profissional, e essa classificação é tornada pública no site do CFP, podendo o profissional psicólogo acompanhar essa listagem dos testes para se informar sobre os testes que estão disponíveis para utilização. É considerada falha ética caso o psicólogo utilize algum teste com parecer desfavorável emitido pelo SATEPSI (AMBIEL; CARVALHO, 2017; CFP, 2018).

A Resolução nº 009/2018 do CFP estabelece diretrizes para a realização de Avaliação Psicológica no exercício profissional dos psicólogos, regulamenta o SATEPSI e revoga as Resoluções e notas anteriores sobre a temática que vigoraram até o momento. Nessa Resolução temos informações detalhadas sobre os critérios mínimos considerados adequados na criação e busca de evidências de validade e precisão de um teste psicológico contidos no denominado Formulário de Avaliação da Qualidade de Testes Psicológicos, anexado à Resolução. Os estudos de validade e precisão, ao lado das normas de um teste terão um intervalo de duração de até 15 anos, datados a partir da aprovação do teste pela plenária do Conselho Federal de Psicologia. Ressalta-se que para testes que foram aprovados antes dessa Resolução, o prazo será de 20 anos para os estudos de validade e 15 anos para as normas. (ANDRADE; VALENTINI, 2018, CFP, 2018).

VALIDADE

A validade de um teste, basicamente, diz respeito ao cumprimento da tarefa de medir o que este se destinou a medir, ou seja, a comprovação que o teste mede aquilo que ele se propõe. É comum também encontrar a definição de validade como o nível em que ele mede a característica que quer medir. Em muitos testes encontramos evidências de validade, porém a pergunta que se faz é: será que essas evidências são suficientes para essa avaliação? Por isso validade se refere aos questionamentos: "O teste avalia o que ele anteriormente se propôs a avaliar?", e "Quão bem ele faz isso?" (ANASTASI; URBINA, 2000; CRONBACH, 1996; HOGAN, 2006).

O termo "validade" nos remete a um conceito unitário, como da possibilidade de um teste ser válido ou não, porém as coisas não funcionam dessa forma, num ponto de vista do tudo ou nada (HOGAN, 2006; URBINA, 2007). Por isso passou-se a considerar que um teste pode possuir "evidências de validade", pois se busca saber das suas qualidades diante de um propósito ou uma utilização particular. Dessa maneira, um mesmo teste pode servir a um objetivo de avaliação e não servir a outro diferente. Esses objetivos diferentes podem ser, por exemplo, populações diferentes (estudantes, pacientes psiquiátricos, população geral, etc.) ou contextos diversos (clínica, hospital, trânsito, etc.). Vamos pensar num teste de personalidade usado para propósitos diferentes: a) numa clínica, no qual o psicólogo vai explorar as características de personalidade do paciente, com a finalidade de trabalhar esses aspectos em psicoterapia, e b) no trânsito, no qual serão avaliados aspectos da personalidade do candidato à carteira de habilitação, e só serão aprovados aqueles considerados aptos, com vistas a diminuir os acidentes no trânsito (ANDRADE; VALENTINI, 2018; URBINA, 2007).

Na realidade, não é o teste que possui essas evidências de validade, são as interpretações feitas a partir dos resultados encontrados numa pesquisa com o teste em questão. Isso se deve ao fato de que as características psicológicas avaliadas não são diretamente observadas, como por exemplo, temos a possibilidade de avaliar a altura de uma pessoa com uma fita métrica. Nos estudos de validade de testes psicológicos faz-se o uso de números, de análises estatísticas, porém sempre temos que atribuir um significado para os números encontrados, uma interpretação (AERA; APA; NMCE, 2014).

Foi pensando assim que a definição de validade passou a ser concebida como "(...) o grau no qual as interpretações obtidas dos dados empíricos do teste encontram sustentação em base científica sólida". Urbina (2007) propôs ainda que sejam consideradas as evidências encontradas de forma acumuladas, de maneira que o grau dessas evidências concorde com os resultados do teste para os objetivos propostos.

Uma vez que a conceituação de validade foi concluída, vamos pensar em como se busca por evidências de validade. Numa abordagem clássica, a validade foi dividida em três tipos (ANASTASI; URBINA, 2000), a saber:

a. **Validade de conteúdo**: que responde à pergunta "os itens do teste contemplam adequadamente a característica que se quer avaliar?"

b. **Validade de critério**: que responde à pergunta "os itens do teste conseguem fazer uma previsão de uma variável externa ao teste no futuro ou no presente?". Por exemplo, um teste vocacional é utilizado com o propósito de avaliar se o indivíduo tem aptidões necessárias para exercer determinada profissão, e evidências são encontradas nesse sentido, diz-se de uma evidência de validade de critério.

c. **Validade de construto**: que responde à pergunta "quanto os itens do teste realmente medem uma determinada característica?". Pensando na evolução do conceito, esse tipo engloba o conceito atual de validade, pois todos os estudos de validade buscam responder essa questão.

Esta definição de validade de Anastasi e Urbina (2000), chamada de definição tripartite, foi questionada e aprimorada posteriormente. Achou-se importante, mesmo assim, apresentá-la neste capítulo para dar ao leitor uma visão histórica das definições de validade e também porque esta definição ainda é utilizada nos manuais anteriores às novas nomenclaturas e em outras discussões sobre validade feitas pela comunidade científica. Um dos autores que contribuiu significativamente para a reformulação da definição tripartite foi Messick (1989), quem em um dos questionamentos feitos a esta definição, argumentou que tanto a validade de conteúdo quanto a de critério também apresentam informações sobre o construto, de modo que quase toda a informação sobre o teste contribuirá para sua validade de construto, de formas diversas. Dessa maneira, validade de construto passou a ser entendida como um conceito abrangente em que se incluem outras formas de validade (PRIMI; MUNIZ; NUNES, 2009).

Assim, contemporaneamente são utilizadas outras nomenclaturas, que foram reformuladas por AERA, APA e NMCE (2014) e distinguem-se, não em tipos, mas em fontes pelas quais se é possível encontrar evidências de validade, que são:

a. **Evidências de validade baseadas no conteúdo**: Nessa fonte, busca-se uma relação entre o conteúdo do teste (que seus itens abordam) e o domínio que se quer avaliar. Para se ter uma evidência de validade baseada no conteúdo, é necessário que os itens do teste estejam representando de forma adequada a característica psicológica que se quer avaliar. Para avaliar se o conteúdo dos itens do teste é adequado ou não, geralmente são chamados especialistas na área (chamados juízes), que vão avaliar se a descrição do conteúdo foi feita de maneira cuidadosa, desmembrando seus componentes principais e julgar a relação entre o que o teste traz em seu conteúdo e o que deveria trazer, de acordo com a literatura. Por exemplo, Roza, Wechsler e Nakano (2018) buscaram evidências de validade baseadas no conteúdo para uma Escala de Estilos de Aprendizagem em Situações de Uso de Tecnologias, que teve como embasamento teórico de aprendizagem quatro estilos, quais sejam: ativo, reflexivo, teórico e pragmático. O trabalho dos juízes envolvidos no estudo foi o de identificar em cada item do teste qual estilo de aprendizagem estava sendo contemplado de acordo com a definição teórica de cada estilo. Essa fonte equivale ao tipo de validade de conteúdo.

b. **Evidências de validade baseadas nas relações com variáveis externas**: Nessa fonte, são buscadas relações entre os escores do teste e outras variáveis medindo a mesma característica, características relacionadas ou características diferentes. As outras variáveis podem ser sexo, idade, desempenho acadêmico, critério diagnóstico, e também outros testes. Por exemplo, um teste que visa avaliar inteligência de alunos do terceiro ano do primeiro grau pode ser comparado ao desempenho acadêmico desses alunos nas disciplinas da escola (notas ao final do ano), e se for encontrada uma boa relação entre os dois (pontuações que indiquem inteligência alta e sucesso escolar, por exemplo), pode-se interpretar que foi encontrada uma evidência de validade baseada na relação com outras variáveis, critérios externos. A relação entre essas duas características, que são as mesmas, está ilustrada na Figura 1, a seguir. As Figuras 1 e 2 ilustram as relações medindo características relacionadas e características diferentes. A partir dessas relações é possível inferir evidências de validade que convergem (mesma característica ou características relacionadas) ou divergem (características diferentes). Quanto às evidências de validade que divergem, ilustradas pela Figura 3, pode-se citar um estudo que relaciona dois instrumentos, um avaliando inteligência e outro, personalidade. Assim, espera-se relações muito baixas entre esses testes, já que avaliam características (construtos) diferentes. Se as relações encontradas forem de fato muito baixas, praticamente nulas ou ainda se não for encontrada nenhuma relação, pode-se interpretar que foi encontrada evidência de validade divergente.

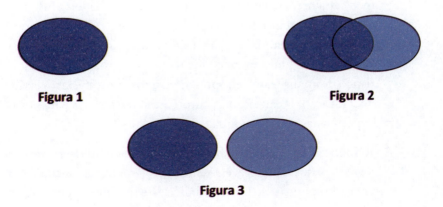

Figura 1

Figura 2

Figura 3

Com essa fonte de validade também é possível obter dados sobre a capacidade do teste de predição, dessa forma o objetivo seria buscar associação entre um dado e um critério futuro, obtido tempo depois. Um exemplo é um teste utilizado na seleção de pessoal para uma vaga de emprego numa empresa, capaz de predizer o sucesso do indivíduo avaliado no cargo pretendido. Para além dessa validação preditiva, também é possível buscar relações concorrentes. Na validação concorrente, a busca por associação entre o dado e o critério são obtidas no mesmo tempo. Por exemplo, na busca por evidências de validade para um teste que pretende avaliar depressão, outro teste que já possui essas evidências para avaliação da depressão é utilizado como critério. No momento da coleta de dados, esses dois instrumentos são aplicados para que sejam comparados seus resultados (FREITAS; DAMÁSIO, 2017). Essa fonte equivale à validade de critério.

c. **Evidências de validade baseadas na estrutura interna**: Como o próprio nome já sugere, essa fonte de evidência de validade busca relação entre o teste e seus itens. Com o uso de análises estatísticas é possível saber a contribuição de cada item no resultado total do teste (correlaciona-se um item ao resultado total do teste, e se essa relação for significativa, supõe-se que o item contribui para o teste no geral, na representação da característica que se pretende medir), assim os itens podem ou não ser considerados adequados para avaliação do domínio que se quer medir. Outra forma de se avaliar esse tipo de evidência é verificando o agrupamento de itens em fatores já previstos teoricamente. A Bateria Fatorial de Personalidade (BFP), por exemplo, é um instrumento psicológico construído para a avaliação da personalidade a partir do modelo dos Cinco Grandes Fatores (CGF), que foram confirmados pelo procedimento estatístico de análise fatorial, apresentando os fatores: Extroversão, Socialização, Realização, Neuroticismo e Abertura para novas experiências. (NUNES; HUTZ; NUNES, 2008).

d. **Evidências de validade baseadas no processo de resposta**: fornece dados sobre processos mentais presentes na execução das tarefas propostas pelo teste, atribuindo-se significado psicológico para a realização correta do item a partir das relações entre seus componentes cognitivos. Baseando-se sempre na teoria referência da característica avaliada pelo teste, são criados modelos explicativos do processamento mental que ocorre durante a execução das tarefas propostas nos itens do teste e previsões dos comportamentos de acerto, tempo de reação, etc. As observações dos padrões de resposta são comparadas ao modelo teórico, e quanto mais próximas, maior a confiança no modelo teórico de base para a interpretação do que o teste avalia. Outra maneira de estudar essa fonte de validade é analisar as respostas do indivíduo, quando questionado sobre suas estratégias para responder aos itens do teste (Primi; Muniz; Nunes, 2009). Cunha e Santos (2009) realizaram um estudo que objetivava a busca por essa evidência de validade, por meio da análise das respostas de crianças ao teste Cloze, em que seriam exploradas diferenças qualitativas nos erros apresentados. A partir dessa análise das respostas, foi possível verificar que as crianças com médias mais altas cometeram mais erros lexicais e as com médias mais baixas, erros semânticos. Os resultados encontrados demonstraram o que era conceitualmente esperado, portanto, foram encontradas evidências de validade baseadas no processo de resposta para o Cloze.

e. **Evidências de validade baseadas nas consequências da testagem**: essa fonte avalia as consequências sociais do uso do teste para verificar se as implicações de sua utilização coincidem com os resultados desejados de acordo com a finalidade para o qual foi criado. A expectativa é a de que o teste contribua de maneira benéfica em contextos clínicos, de seleção de pessoal, escolares, etc. Porém, para que se obtenha o resultado desejado do uso do teste não basta apenas que este seja validado, pois existem outras variáveis que podem interferir, de maneira a comprometer as interpretações resultantes da sua utilização. Buscar por essa fonte de evidência de validade implica em ter uma visão ampliada da situação, e não somente do teste, pois estão envolvidos, além do psicólogo responsável pela avaliação, os outros agentes (profissionais de outras áreas, governos, dentre outros) que fazem uso desses dados finais para tomada de decisões, e podem utilizar essa informação de maneira equivocada, enviesada, de modo a prejudicar indivíduos e a sociedade, de maneira geral. Uma crítica à essa fonte de validade é que ela se esquiva das propriedades de controle na pesquisa e na construção de testes, por outro lado, ampliar a situação da testagem e avaliar suas conseqüências pode ser vista como uma atitude ética (PRIMI; MUNIZ; NUNES, 2009). Como exemplo, um instrumento diagnóstico é aplicado num indivíduo e se conseguir detectar precocemente uma doença, e indicar uma intervenção adequada ao caso, é sinal que o efeito produzido foi benéfico, como desejado, e esse resultado agrega evidência de validade consequencial ao teste utilizado; em contraposição, se essa avaliação provocar um diagnóstico equivocado ou indicações desfavoráveis de intervenção, inicia-se um questionamento sobre a validade daquele teste para avaliação naquele contexto.

PRECISÃO

A precisão (também conhecida como confiabilidade ou ainda, fidedignidade) refere-se à estabilidade do teste, de maneira que, quanto mais próximas forem as suas pontuações obtidas por métodos ou em situações diferentes, maior será a consistência do teste (ANASTASI; URBINA 2000; CRONBACH, 1996). Vamos pensar numa só pessoa sendo submetida a um teste que avalia traços de personalidade, realizado em dois lugares diferentes, por pessoas diferentes. Como se trata de uma só pessoa que está sendo avaliada, e como está sendo avaliada nos dois lugares pelo mesmo teste (que avalia a mesma coisa), espera-se que os resultados sejam muito próximos. No caso dos resultados muito próximos, como esperado, podemos conferir precisão aos resultados do teste, e no caso de dois resultados diferentes, vamos desconfiar de um erro de medida.

O conceito de precisão opõe-se ao conceito de erro de medida, de maneira que, quanto mais preciso for considerado um teste, significa que mais livre de erros ele se encontra. Dessa forma, a precisão de um teste é determinada pelo nível com que suas pontuações são livres de erros. É necessário considerar qual fenômeno está sendo estudado, avaliar suas particularidades, pois fenômenos psicológicos diferentes possuem características distintas e sofrem influência de diferentes fatores (AMBIEL; CARVALHO, 2017; ANASTASI; URBINA 2000; CRONBACH, 1996).

Nenhuma medida está livre de erro, e os erros que interferem no resultado de um teste podem vir de várias fontes, dentre as quais: relacionadas ao contexto da testagem (incluindo o aplicador, o avaliador, o ambiente de testagem e os motivos da aplicação do teste), relacionadas ao testando e relacionadas ao teste em si. Essas fontes de erro incluem condições emocionais, como disposição, ansiedade, fadiga, ou acertos ao acaso em determinadas situações, familiaridade com o conteúdo, subjetividade, ambiente barulhento, dentre outras. Se os devidos cuidados forem tomados no desenvolvimento, seleção, aplicação e correção dos testes, parte dos erros provindos dessas três fontes podem ser anulados ou minimizados. Em contraposição, em situações nas quais o testando não responde às questões ou tenta falsear respostas que pensa ser desejáveis, não é possível manipular o erro, porém pode ser possível detectá-lo. Por isso é importante saber das práticas adequadas e dos procedimentos padronizados no uso dos testes, pois são formas de reduzir os erros na testagem (URBINA, 2007, AMBIEL; CARVALHO, 2017).

Existem diferentes métodos utilizados para se estimar os coeficientes de precisão, e cada um deles tem suas fontes de erro principais (ANASTASI; URBINA 2000, URBINA, 2007). Não se trata de eliminar os erros, mas sim de identificar suas fontes e estimar a extensão da sua influência, de modo que se o erro for muito grande, o teste perde sua utilidade. A seguir são apresentados os métodos e suas fontes de erro centrais:

a. **Método das formas alternadas**: O mesmo indivíduo pode ser avaliado com duas ou mais formas do teste (formas paralelas) no mesmo dia ou em dias diferentes. No caso da aplicação das formas alternadas no mesmo dia (imediato), a principal fonte de erro está ligada ao conteúdo. Vamos pensar em duas formas de um teste matemático. Em uma forma do teste o item 1 é a resolução da operação: 2 + 2, e em outra forma (paralela) do teste o item 1 é a resolução da operação: 3 + 3. Sabemos que um dito popular que diz: "mais certo do que 2 mais 2 são 4". Pessoas que conhecem esse ditado podem responder certamente ao item 1 da primeira forma do teste pela familiaridade do resultado dessa operação, e não pela resolução matemática da soma dos dois números, e são, portanto, favorecidas nesse item. Ele pode, por exemplo, errar o item 1 da segunda forma porque tem dificuldade em operação matemática de soma. Concluindo, se uma das formas do teste está mais suscetível à familiaridade dos respondentes do que a outra, as pontuações nas duas formas podem ser diferentes, gerando erro e diminuindo o coeficiente de precisão. Quando se trata de formas alternadas aplicadas em dias diferentes, além do erro ligado ao conteúdo, essa avaliação pode sofrer influências do tempo. Quando se avalia personalidade, por exemplo, distinguimos os traços, que são características relativamente duradouras, e os estados, que são características temporárias. Nesse caso, a aplicação das formas do teste em dias diferentes no mesmo indivíduo pode provocar respostas diferentes, pois seu estado pode estar diferente de tempos em tempos.

b. **Método de Teste–Reteste**: Consiste na aplicação e reaplicação do mesmo teste ao respondente, mas em ocasiões diferentes. Aqui, a principal fonte de erro é relacionada ao tempo, já que são feitas duas aplicações do teste em momentos distintos. A precisão é obtida através de um coeficiente obtido de uma análise de correlação entre pontuações do teste obtidos em duas estimações diferentes. Quanto mais correlacionadas essas pontuações estiverem (coeficiente mais próximo de 1), maior a precisão encontrada, e quanto menos correlacionadas (coeficiente mais próximo de 0), menor precisão da medida (ANASTASI; URBINA, 2000; CRONBACH, 1996; URBINA, 2007).

c. **Modelo das metades (Split-half)**: Consiste na divisão do teste em duas partes homogêneas ou equivalentes, porém ele é aplicado uma única vez ao testando. Essa divisão pode ocorrer de modo que sejam separados com relação aos itens pares e ímpares, ou ainda a primeira e segunda metade do teste, etc. Fatores relacionados ao conteúdo dos itens constituem as principais fontes de erro.

d. **Método de Coeficientes de Kuder-Richardson e alfa de Cronbach**: Consiste na aplicação do teste uma única vez e no estabelecimento de uma relação entre respostas individuais nos itens com o escore total do teste. A fonte de erro principal está relacionada ao conteúdo dos itens. Pode haver variação na homogeneidade do teste, e quanto mais homogêneo for o teste, com itens homogêneos, maior será o coeficiente de precisão calculado por esse método.

e. **Método de Precisão entre avaliadores**: Consiste em solicitar a avaliação de dois ou mais avaliadores diferentes ao mesmo método respondido pelo mesmo indivíduo estabelecendo-se uma correlação entre os resultados dos avaliadores. Esse método está sujeito à fonte de erro relacionada à subjetividade do avaliador. Quando os testes dependem em grande parte do julgamento do avaliador, como é o caso das técnicas projetivas, os resultados para o mesmo teste aplicado na mesma pessoa podem oferecer resultados diferentes, pois nessa avaliação está embutida a subjetividade e interpretação pessoal do avaliador.

CONSIDERAÇÕES FINAIS SOBRE VALIDADE E PRECISÃO

Podemos pensar numa relação entre os dois conceitos abordados nesse capítulo. De modo geral, uma boa precisão é condição imprescindível para que um teste seja válido, porém somente esta característica não é suficiente. Mesmo que se obtenha um teste consistente, estável, este pode estar medindo algo que não aquilo para o qual foi destinado a medir, ou seja, válido. Dessa forma, um coeficiente baixo de precisão revela seguramente uma perda na qualidade psicométrica, a validade de um teste, mas o contrário não necessariamente acontece, ou seja, um teste sem evidências de validade pode ter bom desempenho na precisão, apesar de ser pouco provável (HOGAN, 2006; URBINA, 2007).

Como apontado nos tópicos anteriores sobre validade e precisão considera-se que esses conceitos não são pura e simplesmente restritos ao processo de construção e estudos validação e precisão dos instrumentos. A operacionalização dos dois conceitos abordados depende também do uso adequado do teste, desde sua aplicação até sua correção e cuidados na interpretação dos seus resultados. É necessário o conhecimento da característica que se está avaliando, além dos alcances e limites do teste utilizado, para que possa agregar um valor significativo no processo de avaliação, além do que o processo de avaliação é considerado como sendo muito maior e amplo do que somente a testagem psicológica (AMBIEL; CARVALHO, 2017).

QUESTÕES

1. Um teste pode ser considerado aprovado ou reprovado para sempre pelo Conselho Federal de Psicologia? Explique.

2. Qual o período máximo de tempo estipulado pelo Conselho Federal de Psicologia que deve existir entre os estudos de validade e precisão de um instrumento?

3. Qual a definição contemporânea de validade?

4. Cite e explique a definição tripartite (clássica) de validade.

5. Cite e explique as fontes de evidências de validade, segundo AERA, APA e NMCE (2014).

6. Qual a definição de precisão?

7. Cite e explique os métodos utilizados para se estimarem os coeficientes de precisão.

8. Qual a relação existente entre validade e precisão?

REFERÊNCIAS

ANDRADE, J. M.,; VALENTINI, F. Diretrizes para a construção de testes psicológicos. *Psicologia: Ciência e Profissão*, v. 38 (núm. esp.), p. 28-39, 2018.

AMBIEL, R.; CARVALHO, L. de F. Validade e precisão de instrumentos de avaliação psicológica. In: LINS, M. R. C.; BORSA, J. C. *Avaliação Psicológica*: aspectos teóricos e práticos. Petrópolis: Vozes, 2017. p. 137-158.

AMBIEL, R.; BAPTISTA, M. N.; BARDAGI, M.; SANTOS, A. Ensino de avaliação psicológica: dificuldades relatadas por uma amostra de docentes brasileiros. *Estudos e Pesquisas em Psicologia,* v. 18, n. 2, p. 516-531, 2018.

AMERICAN EDUCATIONAL RESEARCH ASSOCIATION (AERA); AMERICAN PSYCHOLOGICAL ASSOCIATION (APA); NATIONAL COUNCIL ON MEASUREMENT IN EDUCATION (NCME). *Standards for Educational and Psychological Testing.* Washington, DC: AERA/APA/NMCE, 2014.

ANASTASI, A.; URBINA, S. Validade: Conceitos Básicos. In: ANASTASI, A.; URBINA, S. *Testagem Psicológica*. Porto Alegre: Artmed, 2000. p. 107-127.

BARDAGI, M. P. et al Ensino da avaliação psicológica no Brasil: Levantamento com docentes de diferentes regiões. *Avaliação Psicológica*, v. 14, n. 2, p. 253-260, 2015.

BORSA, J. C. Considerações sobre a formação e a prática em avaliação psicológica no Brasil. *Temas em Psicologia*, v. 24, n. 1, p. 131-143, 2016.

CONSELHO FEDERAL DE PSICOLOGIA (CFP). *Resolução nº 9, de 25 de abril de 2018. Estabelecem diretrizes para a realização de Avaliação Psicológica no exercício profissional da psicóloga e do psicólogo, regulamenta o Sistema de Avaliação de Testes Psicológicos - SATEPSI e revoga as Resoluções nº 002/2003, nº 006/2004 e nº 005/2012 e Notas Técnicas nº 01/2017 e 02/2017.* 2018. Disponível em: <http://satepsi.cfp.org.br/docs/Resolu%C3%A7%C3%A3o--CFP-n%C2%BA-09-2018-com-anexo.pdf>. Acesso em: 01 Set. 2019.

CRONBACH, L. J. *Fundamentos da testagem psicológica.* Porto Alegre: Artes Médicas, 1996.

CUNHA, N. B.; *SANTOS*, A. A. A. Validade por processo de resposta no *teste* de *Cloze. Fractal: Revista de Psicologia*, v. 21, n. 3, p. 549-562, 2009.

FREITAS, C. P. P. de; DAMÁSIO, B. F. Evidências de validade com base nas relações com medidas externas: conceitualização e problematização. In: DAMÁSIO, B. F.; BORSA, J. C. *Manual de desenvolvimento de instrumentos psicológicos.* São Paulo: Vetor, 2017. p. 101-117.

FREIRES, L. A. et al. Ensino da avaliação psicológica no Norte brasileiro: analisando as ementas das disciplinas. *Avaliação Psicológica*, v. 16, n. 2, p. 205-214, 2017.

GOUVEIA, V. V. Formação em avaliação psicológica: situação, desafios e diretrizes. *Psicologia: Ciência e Profissão*, v. 38, 74-86, 2018.

GOLINO, H. F. A importância da psicometria na avaliação psicológica: conceitos básicos, fundamentos epistemológicos da validade e uma análise ilustrativa do National Intelligence Tests. In: LINS, M. R. C.; BORSA, J. C. *Avaliação Psicológica: aspectos teóricos e práticos.* Petrópolis: Vozes, 2017. p. 137-158.

HOGAN, T. P. *Introdução à prática de testes psicológicos.* Rio de Janeiro: LTC, 2006.

MENDES, L. S.; NAKANO, T. DE C.; SILVA, I. B.; SAMPAIO, M. H. DE L. Conceitos de avaliação psicológica: conhecimento de estudantes e profissionais. *Psicologia: Ciência e Profissão*, v. 33, n. 2, p. 428-445, 2013.

MESSICK, S Meaning and values in test validation: the science and ethics of assessment. *Educational Researcher*, v. 18, n. 2, p. 5-11, 1989.

NORONHA, A. P. P.; BARROS, M. V. de C.; NUNES, M. F. O.; SANTOS, A A. A. dos. Avaliação psicológica: importância e domínio de atividades segundo docentes. *Estudos e Pesquisas em Psicologia*, v. 14, n. 2, 524-538, 2014.

NORONHA, A. P. P. et al. Sobre o ensino de avaliação psicológica. *Avaliação Psicológica*, v. 9, n. 1, p. 139-146, 2010.

NORONHA, A. P. P. et al. Conteúdos e metodologias de ensino de avaliação psicológica: um estudo com professores. *Paidéia*, v. 23, n. 54, p. 129-139, 2013.

NUNES, C. H. S. S.; HUTZ, C. S.; NUNES, M. F. O. Bateria Fatorial de Personalidade (BFP). *Manual Técnico*. São Paulo: Casa do Psicólogo, 2008.

NUNES, M. F. O. et al. Diretrizes para o ensino da avaliação psicológica. *Avaliação Psicológica*, v. 11, n. 2, 309-316, 2012.

PRIMI, R. Avaliação Psicológica no Brasil: fundamentos, situação atual e direções para o futuro. *Psicologia: Teoria e Pesquisa*, v. 26 (n. esp.), p. 25-35, 2010.

PRIMI, R.; MUNIZ, M.; NUNES, C. H. S. S. Definições contemporâneas de validade dos testes psicológicos. In: Hutz, C. S. (Org.). *Avanços e polêmicas em Avaliação Psicológica*. São Paulo: Casa do Psicólogo, 2009. p. 243-265.

ROZA, R. H. WECHSLER, S. M.; NAKANO, T. DE C. Escala de estilos de aprendizagem em situações de uso de tecnologias: busca por evidências de validade de conteúdo. *Estudos Interdisciplinares em Psicologia*, v. 9, n. 1, p. 45-64, 2018.

SALAZAR, A.; TROCCÓLI, B; VASCONCELOS, T. Investigação das correlações entre medidas projetivas e objetivas de personalidade. *Anais do XXXI Reunião Anual de Psicologia (SBP)*, Rio de Janeiro, RJ, 2001.

SOUZA, C. V. R.; PRIMI, R.; MIGUEL, F. K. Validade do Teste Wartegg: correlação com 16PF, BPR-5 e desempenho profissional. *Avaliação Psicológica*, v. 6, n. 1, p. 39-49, 2007.

URBINA, A. *Fundamentos da testagem psicológicos*. Porto Alegre: Artmed, 2007.

VENDRAMINI, C. M. M.; LOPES, F. L. Leitura de manuais de testes psicológicos por estudantes e profissionais de psicologia. *Avaliação Psicológica*, v. 7, n. 1, p. 93-105, 2008.

CAPÍTULO 6

AS NUANCES DA PADRONIZAÇÃO E NORMATIZAÇÃO DE TESTES PSICOLÓGICOS

Ivan Sant'Ana Rabelo
Leila Brito
Márcia G. S. Rego

Os testes psicológicos diferenciam-se de outras técnicas de avaliação, por se tratarem de procedimentos referenciados a normas e a diretrizes interpretativas padronizadas, com base em categorias preestabelecidas. Outros procedimentos também são utilizados em contextos de avaliação psicológica, como meios de acesso ao universo psicológico do indivíduo, visando à maior compreensão da sua singularidade para melhor adequação das formas de intervenção quando necessárias. Alguns tipos de entrevistas, técnicas de observação, aplicação de atividades lúdicas, entre outras, constituem exemplos de estratégias de avaliação psicológica que não pertencem à categoria de testes psicológicos.

A avaliação psicológica pode ser representada como resultante de três critérios, a saber: a medida, o instrumento e o processo de avaliação. Alchieri e Cruz (2010) mencionam que cada um destes critérios possui uma representação teórica e metodológica própria e que concebe assim, de forma constitutiva, uma via própria de compreensão do seu objeto de investigação, denominado de fenômenos ou processos psicológicos.

Métodos que envolvem o ato de desenhar, narrar histórias, realizar encenações ou brincar com bonecos, em geral, não se propõem a apresentar estudos normativos ou indicadores metódicos de interpretação, ficando assim também caracterizados fora do que é considerado testagem psicológica. Apesar de não pertencerem a categoria de testes, os resultados de tais instrumentos podem ter credibilidade, desde que as conclusões apresentadas pelo psicólogo estejam condicionadas a um referencial teórico válido, que sustente as interpretações segundo o pressuposto científicos atualizados.

Seja na testagem psicológica ou em outras formas de avaliação, a experiência do profissional, o conhecimento do constructo que está sendo investigado e o embasamento teórico consistente, acompanhado de outros métodos de observação e análise, são condições imprescindíveis para garantir a confiabilidade dos resultados que se integrarão de modo a compor uma avaliação coerente (URBINA, 2007). Neste capítulo, abordaremos as questões referentes à padronização e normatização dos testes psicológicos, mesmo sabendo que diferenciar o que se enquadra como teste psicológico de outros tipos de procedimentos de avaliação psicológica não é algo simples, portanto, iremos nos ater ao teste psicológico considerando-o como um instrumento de mensuração padronizado que avalia características ou processos psicológicos fundamentados em uma teoria e que atende aos requisitos de validade e precisão.

Em resumo, segundo Werlang, Villemor-Amaral e Nascimento (2010, p. 92):

> Para os testes psicológicos serem confiáveis, devem ser padronizados e atender a requisitos de fidedignidade e validade. A padronização refere-se à necessária existência de uniformidade tanto para a aplicação do instrumento, como nos critérios para interpretação dos resultados obtidos. A fidedignidade diz respeito à coerência sistemática, precisão e estabilidade do teste, e a validade reflete se o teste mede realmente o que pretende medir.

Assim, **uma avaliação psicológica realizada com qualidade está relacionada principalmente à utilização de técnicas de avaliação reconhecidas pela Psicologia**. A Comissão de Avaliação Psicológica do Conselho Federal de Psicologia em parceria com as instituições de ensino e pesquisa definiram critérios de adaptação de instrumentos de avaliação para a realidade brasileira, considerando que a fundamentação teórica e as propriedades psicométricas dos testes disponíveis estejam de acordo com parâmetros internacionais de qualidade, com base em estudos de precisão, validade e normatização (Werlang et al, 2010).

PADRONIZAÇÃO E NORMATIZAÇÃO: CONCEITOS IGUAIS OU DISTINTOS?

Alguns autores, tais como Cronbach (1996); Alchieri e Cruz (2010); Pasquali (2003, 2010); Hutz, Bandeira e Trentini (2015), entre outros, procuram fazer uma distinção clara entre padronização e normatização, sendo:

- **PADRONIZAÇÃO** = a uniformidade na aplicação dos testes (material, ambiente, aplicador, instruções de aplicação e correção, etc.);
- **NORMATIZAÇÃO** = a uniformidade na interpretação dos escores dos testes (tabelas, percentis, escore "Z", etc.).

Já Urbina (2007) considera que um teste psicológico pode ser descrito como padronizado, desde que contemple duas facetas que possibilitam objetividade no processo de testagem. A primeira faceta relaciona-se à uniformidade dos procedimentos, desde a aplicação até a correção e interpretação dos resultados, englobando inclusive o local em que o teste é administrado, circunstâncias de sua administração, o examinador, tudo que pode afetar os resultados, objetivando tornar tão uniforme possível todas as variáveis que estão sob controle do examinador, para que os indivíduos que se submetam ao teste o façam da mesma forma.

O segundo sentido refere-se ao uso de padrões para a avaliação dos resultados. Estes padrões costumam ser normas derivadas de um grupo de indivíduos, denominados amostra normativa ou amostra de padronização, sendo que o desempenho coletivo do grupo, tanto em termos de média quanto de variabilidade, passa a ser um padrão pelo qual o desempenho dos outros indivíduos que se submetem ao teste sejam comparados. Desta forma, apesar de observar-se a diferença entre padronização e normatização existente, não há uma diferenciação dos termos.

A nosso ver, tal distinção se faz relevante, porque trata de duas questões muito importantes, principalmente do ponto de vista didático para a compreensão destes conceitos na psicometria. Haja vista que a literatura neste sentido não é insistente sobre a nomenclatura, pelo contrário, as duas expressões são utilizadas indistintamente. Contudo, como se trata de questões específicas para a aprendizagem na área, vamos tratar o tema em duas seções separadas neste capítulo.

Usualmente, considera-se a padronização como todo o processo de estabelecer procedimentos padronizados e valores normativos para a comparação e avaliação do desempenho dos indivíduos ou de grupos. O processo de desenvolvimento de um teste padronizado exige fases, tais como, pré-testagem de itens, análise de itens, estudos de validade e precisão, desenvolvimento de normas, etc.

Entende-se, portanto, a normatização como o conjunto de valores típicos descritivos do desempenho, num determinado teste, de um grupo específico de indivíduos supostamente representativos de uma determinada população. As normas dão valores típicos para diferentes grupos homogêneos (segundo a idade, a escolaridade, etc) por meio da equivalência dos escores brutos, obtidos no teste, com alguma forma de escore derivado (desvio de QI, percentil, estanino, etc). Vale ressaltar que as normas não devem ser consideradas exclusivamente como padrões ou níveis desejáveis de desempenho.

PADRONIZAÇÃO

A padronização, em seu sentido mais geral, refere-se à uniformidade dos procedimentos no uso de um teste válido e preciso: desde os cuidados a serem tomados na aplicação do teste (uniformidade das condições de testagem) até os parâmetros ou critérios para a interpretação dos resultados dos sujeitos submetidos a testagem (ANASTASI, 1977).

Precauções a serem tomadas na aplicação dos testes: padronizando as condições de Administração dos Testes Psicológicos

É importante padronizar as condições de aplicação dos testes psicológicos com o intuito de garantir que a coleta de dados sobre o sujeito seja de boa qualidade. Uma má aplicação pode comprometer o resultado dos testes, tornando-os inválidos, mesmo quando da utilização de uma boa ferramenta. Vale ressaltar que uma má aplicação não invalida a qualidade psicométrica do teste, mas sim invalida o protocolo do sujeito, ou seja, os dados obtidos na avaliação não serão confiáveis.

O mau uso que se faz de um teste psicológico, compromete a utilidade do mesmo. Por isso a padronização é tão importante na área de avaliação psicológica, pois pretende garantir o uso adequado e autêntico dos testes psicológicos.

Segundo Pasquali (2010), para se garantir uma boa administração dos testes psicológicos é preciso acatar alguns requisitos no que se refere ao material da testagem, ao ambiente da testagem, às condições de aplicação e ao aplicador.

O Material de Testagem

A qualidade do teste e a pertinência do teste são duas condições que devem ser atendidas:

- **Qualidade do teste:** o teste tem que ser válido e preciso, com rigorosos e diversificados estudos que comprovem isso. Caso o uso de testes seja feito sem cumprimento destes parâmetros, corre-se o risco de resultados inadequados, psicodiagnósticos imprecisos, e inclusive, de processos jurídicos e condenação ética, por parte de quem realiza um trabalho de rebaixada qualidade conforme previsto em resoluções e notas diversas da categoria (observar demais capítulos que também tratarão neste livro sobre este tema).

- **Pertinência do teste:** além de ser válido e preciso, o teste deve ser relevante ao problema apresentado pelo sujeito. O aplicador deve conhecer a utilidade de um dado teste, se o mesmo será aplicado para uma avaliação de personalidade, cognitiva, para área organizacional, clínica, etc. E escolher aquele que melhor se aplica a necessidade do sujeito.

Além da pertinência, o teste deve se adaptar ao nível (intelectual, profissional, etc) do candidato. É importante seguir à risca as instruções e recomendações que explicitam seus manuais. Sem, entretanto, assumir uma postura estereotipada e rígida. (ALCHIERI; CRUZ, 2010).

O Ambiente de Testagem

Com relação ao ambiente de aplicação dos testes psicológicos, algumas condições devem ser atendidas, a saber: o ambiente físico, as condições psicológicas, o momento (tempo de aplicação) e o estabelecimento de *rapport*.

- **Ambiente físico:** deve proporcionar ao candidato a sensação de estar em suas melhores condições para responder ao teste, é importante diminuir ou se possível eliminar presença de distratores ambientais. O ambiente não pode tornar-se um fator desfavorável, desmotivador e incômodo para o testando. Entre os fatores a serem considerados, ressalta-se a utilização de uma sala adequada, móveis adequados e confortáveis, iluminação apropriada, ventilação, higiene, ausência de barulho. O ambiente deve reunir condições adequadas tanto em aplicações individuais quanto coletivas.

- **Condições psicológicas:** deve atender a condições do sujeito e do profissional que aplica o teste. Entre os aspectos relevantes, deve-se observar se o sujeito se apresenta em condições normais de saúde física e psicológica; é preciso se certificar que o sujeito compreendeu exatamente a tarefa a realizar, sempre tomando o cuidado para não mudar as instruções do manual. O nível de ansiedade do sujeito que é submetido ao teste pode ser reduzido com o estabelecimento do *rapport*. Estabelecer *rapport* significa assumir uma atitude na qual o sujeito se sinta à vontade ao fazer o teste, implicando em o examinador mostrar-se motivador, encorajador, não irritadiço, sem gritar ou demonstrar expressões faciais e corporais desagradáveis, durante o contexto da testagem.

Para Silva (2008), o *rapport* oportuniza ao profissional oferecer respaldo informativo fundamental para uma melhor compreensão da dinâmica desse processo, no sentido de colocar o(s) examinando(s) ou o(s) paciente(s), mais próximo(s) desse momento avaliativo, e o próprio psicólogo se faz agente de motivação e solicitude.

- **O momento:** de acordo com o ambiente físico e o ambiente psicológico será avaliado quanto tempo deverá durar a aplicação dos testes psicológicos, considerando os dois fatores mencionados acima como determinantes para uma boa aplicação. Quando a bateria de testes for muito extensa é recomendado dividir em mais de uma sessão, com o objetivo de evitar fadiga, aborrecimento e outros dissabores que impedem um uso adequado dos testes.

Ainda é preciso considerar no âmbito do ambiente de testagem, o que denominamos como *situações adversas*, tais como a aplicação de testes para fins periciais e a testagem para seleção. Em alguns casos o sujeito pode se encontrar em condições psicológicas e, às vezes até físicas, não satisfatórias, principalmente em situações de grande competição, como por exemplo, concursos públicos.

Condições de aplicação

Condições desfavoráveis para administração de testes psicológicos podem causar efeitos no desempenho dos mesmos. Alguns estudos mostram que os resultados nos testes são afetados pelos procedimentos utilizados durante a administração dos instrumentos.

Treffinger (1987) fez uma revisão de vários estudos sobre o efeito de condições de aplicação e clima psicológico no desempenho em testes de criatividade. Tais estudos indicam que os resultados nos testes são afetados pelos procedimentos utilizados durante a administração dos instrumentos. Para os responsáveis pela aplicação de testes é indispensável orientação ou treinamento, no sentido de afiançar condições adequadas e comparáveis em todas as aplicações.

É de suma importância controlar alguns fatores, a saber:

- o tempo suficiente para o examinando responder e o examinador fazer as observações necessárias para fazer seu julgamento;
- o nível de dificuldade das palavras e maneira de apresentar as instruções;
- controle de fatores que podem distrair a atenção do examinando.

Há que se considerar que são muitas as variáveis que afetam uma avaliação, até mesmo o estado físico do examinando ou sua motivação.

O Aplicador

O aplicador do teste é um elemento importante da situação, principalmente na testagem individual. Pasquali (2003, 2010) diz que seu modo de ser e de atuar podem afetar bastante os resultados do teste. Sobre o assunto até este momento não existem pesquisas que permitam conclusões decisivas sobre o grau de influência que estas variáveis do examinador têm sobre os resultados dos testes. Considera-se que o psicólogo é um ser humano como todos os outros, com seus problemas inclusive, mas também é um técnico ou perito que deve ter desenvolvido algumas habilidades próprias da profissão, das quais obviamente ele deve fazer uso em situações como a testagem psicológica.

Em relação ao aplicador de testes psicológicos, deve ser psicólogo regularmente inscrito no Conselho Regional de Psicologia, de acordo com a Resolução nº 009/2018 do Conselho Federal de Psicologia (CFP), além de, segundo Pasquali (2003, 2010) também atender alguns requisitos, tais como:

- **Conhecimento:** o aplicador deve conhecer intimamente o material utilizado, para que possa transmitir segurança e responder alguma dúvida que possa surgir durante a testagem, bem como realizar análises fidedignas;

- **Aparência:** o aplicador deve causar boa impressão, deve usar roupas adequadas e limpas, evitando exageros nas roupas ou até mesmo em perfumes;

- **Comportamento durante a testagem:** o papel do aplicador é o de conduzir a testagem, mantendo a ordem, respeito, orientação;

- **Gravação de sessões:** somente com o consentimento do examinando.

Isso corrobora para o entendimento de que um requisito muito importante para o procedimento de aplicação de um teste é o preparo prévio do aplicador. Anastasi (1977) comenta que durante os testes não pode haver emergências, esta é a única forma de garantir a uniformidade de procedimento.

É importante ainda ficar atento a não ceder a pressões quanto à utilização de determinado teste, mesmo que haja interesse em reduzir custos da avaliação, que interfiram na qualidade do trabalho. Procurar prevalecer o princípio da isonomia, que consiste em tratar todos do mesmo modo, com condições de avaliação iguais (PASQUALI, 2003, 2010).

Por lei, os peritos devem prestar serviços de qualidade à sociedade e, esta qualidade pode ser judicialmente procurada por meio das leis pertinentes. **O psicólogo responde por sua conduta nesta área de testes. A lei considera o psicólogo como perito e, portanto, legalmente responsável em sua atuação profissional.**

Na Resolução nº 009/2018, conforme tem sido abordado ao longo deste livro, são estabelecidas as diretrizes para a realização de Avaliação Psicológica no exercício profissional do psicólogo, revoga as Resoluções nº 002/2003, nº 006/2004 e nº 005/2012 e Notas Técnicas nº 001/2017 e 002/2017 do CFP, reforçando que a utilização de métodos e técnicas psicológicas constitui função privativa da psicóloga e do psicólogo, com base nos objetivos previstos no parágrafo 1º, do art. 13, da Lei nº 4.119, de 27 de agosto de 1962, e no Art. 4º, do Decreto nº 53.464/1964.

Em seu Art. 1 º, §2, está descrito: "A psicóloga e o psicólogo têm a prerrogativa de decidir quais são os métodos, técnicas e instrumentos empregados na Avaliação Psicológica, desde que devidamente fundamentados na literatura científica psicológica e nas normativas vigentes do Conselho Federal de Psicologia" (CFP, 2018).

Mais recentemente, o CFP revoga as Resoluções nº 007/2009 e 009/2011 e publica a Resolução nº 001/2019, que institui normas e procedimentos para a perícia psicológica no contexto do trânsito. Nesta resolução são propostos os procedimentos relacionados à prática da avaliação psicológica em candidatos à Carteira Nacional de Habilitação (CNH) e condutores de veículos automotores, embasada nas exigências as exigências do Código de Trânsito Brasileiro (CTB) e Resoluções do Conselho Nacional de Trânsito (CONTRAN). Essa nova resolução propõe, diante da necessidade constante de aprimoramento das resoluções do Sistema Conselhos de Psicologia, qualificar a área de avaliação psicológica no contexto do trânsito.

Portanto, na avaliação psicológica de candidatos e condutores de veículos automotores, dentre as principais alterações, destaca-se que o profissional Psicólogo deverá utilizar testes psicológicos que tenham, obrigatoriamente, parecer favorável pelo Sistema de Avaliação de Testes

Psicológicos (SATEPSI). Tal Resolução nº 001/2019 foi publicada no Diário Oficial da União no dia 12/02/2019 e está em vigor. Este é um exemplo recente da necessidade de que os profissionais estejam atentos às normativas específicas do seu contexto de atuação.

Voltando aos aspectos gerais, relacionados à padronização e normatização, a Resolução nº 009/2018 apresenta algumas novas aplicações de prazos, quanto a validade dos estudos:

> Art. 14 - Os estudos de validade, precisão e normas dos testes psicológicos terão prazo máximo de 15 (quinze) anos, a contar da data da aprovação do teste psicológico pela Plenária do CFP. §1º - Caso novas versões do teste sejam apresentadas e receba parecer favorável, versões anteriores poderão ser utilizadas até o vencimento dos estudos de normatização, validade e precisão. §2º - Os testes com parecer favorável no SATEPSI com data anterior à publicação desta Resolução terão sua vigência mantida para os estudos de validade (20 anos) e para normas (15 anos). §3º - Não sendo apresentada a revisão no prazo estabelecido no caput deste artigo, o teste psicológico perderá a condição de uso e será excluído da relação de testes com parecer favorável pelo SATEPSI. Art. 15 - A responsabilidade pela submissão dos estudos de validade, precisão e de atualização de normas dos testes psicológicos ao SATEPSI, será do responsável técnico pelo teste ou psicóloga ou psicólogo legalmente constituído (CFP, 2018).

Sigilo e divulgação dos resultados

Deve-se seguir as normas do sigilo profissional contidos no Código de Ética do Psicólogo no Brasil (CFP, 2005). Nele estão informações sobre o que é vedado ao psicólogo e deveres.

O princípio essencial estabelecido pelo Código de Nuremberg (1949) é o de garantir que sejam respeitadas as pessoas humanas que viessem a participar de experimentos médicos ou científicos. O princípio fundamental estabelecido por este Código é de que toda experimentação com seres humanos requer o prévio consentimento livre e esclarecido do sujeito participante. Já na Declaração de Helsinque é reafirmado o princípio do consentimento livre e esclarecido e colocado o bem-estar do sujeito como prioritário.

Embasados nestes princípios, os Comitês de Ética em Psicologia, inclusive no Brasil, vêm elaborando normas que devem ser seguidas na aplicação de testes. De um modo geral estas normas podem ser resumidas segundo as Normas para a testagem educacional e psicológica da *American Psychological Association* (APA, 1985 apud CRONBACH, 1996).

A pessoa que se submete ao teste tem o direito a receber informações sobre os resultados da testagem. Também tem direito aos resultados o solicitante da avaliação, como por exemplo, empresas que solicitem ao psicólogo a avaliação psicológica no processo de recrutamento e seleção e, outros exemplos, os juízes em casos de perícia judicial e em casos de crianças, adolescentes, o responsável legal que nem sempre é o solicitante. Eles apenas têm direito às informações estritamente necessárias à resposta da solicitação.

É preciso seguir as normas de sigilo entre profissional e paciente, assim toda e qualquer informação sobre o sujeito, arquivos e outras anotações provenientes do processo psicológico devem ser mantidas em local seguro, de forma que ninguém possa ter acesso. Pasquali (2003, 2010) menciona que os arquivos devem ser seguros de modo que ninguém possa ter acesso a uma informação restrita sem autorização específica do profissional responsável. As identidades dos indivíduos devem ser codificadas de tal forma que somente o profissional responsável seja capaz de identificar. Em processos judiciais, o juiz pode pedir abertura de registros sigilosos. É preciso ter em mente que, o indivíduo não pode sair indevidamente prejudicado com a exposição de informações sigilosas.

Recentemente, o Conselho Federal de Psicologia, a este respeito lançou a Resolução 004/2019, que dispõe sobre as regras para elaboração de documentos escritos produzidos pelo psicólogo no exercício profissional, que revoga a Resolução CFP º 007/2003 e a Resolução CFP nº 15/1996. Nessa Resolução 004/2019 dispõe sobre as modalidades de documentos, quanto a sua finalidade e estrutura, assim como, da guarda dos documentos e condições de guarda, destino e envio de documentos oriundos de atuação do psicólogo, sobre o prazo de validade dos conteúdos dos documentos, e da obrigatoriedade, se solicitado, da Entrevista devolutiva.

Contudo, em razão da identificação de um erro no texto enviado ao Diário Oficial da União desta Resolução nº 004/2019, foi lançado um novo texto reformulado, e, portanto, em vigor encontra-se a Resolução nº 006/2019, publicada pelo Conselho Federal de Psicologia instituindo as mesmas regras para a elaboração de documentos escritos pelo Psicólogo substituindo a Resolução nº 004/2019. A normativa que agora foi revogada havia sido publicada no início do ano de 2019 e foi discutida durante uma Assembleia de Políticas, da Administração e das Finanças (APAF), realizada em dezembro de 2018 em Brasília/DF. Esse texto da Resolução nº 006/2019 manterá os aspectos debatidos na APAF, apenas com revisões ortográficas e padronização da escrita, com vistas a facilitar a compreensão da normativa.

Sobre seu conteúdo, de acordo com a referida resolução, são considerados como modalidades de documentos psicológicos:

> I - Declaração;
> II - Atestado Psicológico;
> III - Relatório;
> a) Psicológico;
> b) Multiprofissional;
> IV - Laudo Psicológico;
> V - Parecer Psicológico. (CFP, 2019c)

Entre as principais mudanças incorporadas a esta resolução em relação as suas antecessoras, são verificadas alterações mais sobre a forma do que em relação ao conteúdo dos documentos. Assim, a estrutura do documento mostra-se diferente, com redação textual, procurando mostrar-se ainda mais técnico-jurídico, conferindo maior clareza ao interlocutor que utilizará o documento, inclusive em trechos essenciais, que discorrem sobre a natureza e finalidade de tais documentos.

Além disso, ao longo da resolução fica ressaltado a necessidade de fundamentação técnico-científica que embasem as declarações propostas pelo psicólogo, assim como, passa a constar da lista de documentos os conceitos de "Relatório multiprofissional" e de "Laudo psicológico". A respeito do Relatório multiprofissional, segundo Resolução nº 006/2019 (CFP, 2019c), o documento prescreve:

> Art. 12 – O relatório multiprofissional é produzido quando a(o) psicóloga(o) atua em contexto em que há uma demanda multiprofissional, ocasião em que o relatório pode ser produzido em conjunto com profissionais de outras áreas, preservando a sua

autonomia e a ética profissional. A(o) psicóloga(o) deve observar as mesmas características do relatório psicológico nos termos do Artigo 11 [relatório psicológico tradicional]. As informações para o cumprimento dos objetivos da atuação multiprofissional devem ser registradas no relatório, em conformidade com o que institui o Código de Ética Profissional do Psicólogo em relação ao sigilo.

De forma que todos profissionais que participaram da equipe multidisciplinar devem ser identificados, tendo que cada um deles fazer sua análise separadamente, ainda que a conclusão pode ser feita em conjunto. A necessidade de uma equipe multiprofissional deve ser justificada no documento.

Sobre o Laudo psicológico, o documento (CFP, 2019c) apresenta:

> Art. 13 – O laudo psicológico é o resultado de um processo de avaliação psicológica, com finalidade de subsidiar decisões relacionadas ao contexto em que surgiu a demanda, e a quem o solicitou. Apresenta informações técnicas e científicas dos fenômenos psicológicos, considerando os condicionantes históricos e sociais da pessoa, grupo e instituição atendida.

Resumidamente, entende-se que a estrutura do laudo é similar à do tradicional relatório psicológico, com a diferença de o laudo tem por função subsidiar uma decisão específica. Deve possui uma seção de referências bibliográficas, que embasam as afirmações cientificamente (CFP, 2019c). Ao mesmo tempo, reforça-se que as referidas resoluções devem ser lidas e estudas na íntegra pelos profissionais, cabendo neste capítulo apenas apresentar alguns pontos, sem o objetivo de guiar o profissional, que deve, portanto, estudar a cada uma destas resoluções, notas técnicas e demais documentos publicados pelo CFP.

NORMATIZAÇÃO

A normatização pressupõe que um teste necessita ser contextualizado para poder ser interpretado. Tal conceito diz respeito a padrões de como se deve interpretar um resultado que a pessoa atingiu em um teste. Segundo Urbina (2007), os resultados brutos não são muito úteis numa avaliação psicológica, representando um grupo de números que não transmitem nenhum sentido, mesmo depois de mais de um exame aprofundado. Por meio da estatística descritiva (distribuições de frequência, gráficos, percentis, variabilidade etc.) podemos relacionar, ou dar sentido aos dados de modo a facilitar a sua compreensão e utilização.

Exemplificando, um indivíduo que apresentou 40 pontos num teste de inteligência não-verbal e 20 pontos num teste de memória visual pouco significa dentro de uma avaliação psicológica. Outra forma de apresentação dos resultados pouco eficiente seria dizer que este sujeito acertou 70% das questões, pois comparado com um teste em que os indivíduos da amostra de padronização acertaram muitas questões (com médias altas), ou seja, um testes considerado fácil, é diferente de 70% de acerto nas questões em um teste considerado difícil, com médias de padronização baixas.

Assim, **qualquer resultado bruto deve ser referido a alguma norma ou padrão para que tenha algum sentido**. A norma permite posicionar o resultado de um sujeito, possibilitando inferências:

- a posição em que a pessoa se localiza no traço medido pelo teste que produziu o resultado medido;
- comparar a pontuação deste sujeito com o resultado de outras pessoas com características similares.

No processo de criação de normas, um teste deve ser aplicado a uma amostra representativa do tipo de pessoa para o qual foi planejado. Esse grupo, denominado de amostra de padronização, possibilita a composição de tabelas que serão estabelecidas como normas, indicando não somente as médias, mas também os diferentes graus de desvios, acima ou abaixo da média. Isso possibilitará avaliar diferentes graus de superioridade ou inferioridade naquele determinado aspecto ou faceta que o teste se propôs a medir (CRONBACH, 1996).

Segundo Pasquali (2001), **o critério de referência ou a norma de interpretação é normalmente definido por dois padrões, sendo eles, o nível de desenvolvimento do indivíduo humano, isto é, normas de desenvolvimento; e um grupo padrão composto pela população típica para a qual o teste foi construído, também chamado de normas intragrupo.**

Dessa forma, na testagem por referência, o escore individual da pessoa adquire significado interpretativo, pela comparação com os escores de um grupo específico ou mesmo, comparado a diferentes grupos normativos. As tabelas normativas que são o referencial utilizado como comparação, representam, portanto, os dados de desempenho de um grupo em um teste específico que serão utilizados como referência para interpretação desse resultado individual (ANASTASI; URBINA, 2000; COHEN; SWERDLICK; STURMAM, 2014).

O grupo do qual o desempenho é utilizado como referência é denominado de amostra normativa, sendo composta por um grupo de pessoas que apresentam desempenho típico com relação a característica, aspecto, fenômeno investigado, e portanto, reproduzindo o comportamento da população (URBINA, 2007). Dessa maneira, as normas fornecem um padrão de comparação para a interpretação dos escores individuais, utilizando como base os escores de uma amostra representativa da população (amostra normativa). Todos os resultados individuais, de diferentes pessoas, serão comparados com o mesmo referencial, com o mesmo padrão.

Segundo a nova Resolução nº 009/2018, em seu Art. 6º: "Os testes psicológicos, para serem reconhecidos para uso profissional de psicólogas e psicólogos, devem possuir consistência técnico-científica e atender os requisitos mínimos obrigatórios" (CFP, 2018), sendo que, desta lista, verifica-se o aspecto VI, que versa:

> VI - Apresentação do sistema de correção e interpretação dos escores, explicitando a lógica que fundamenta o procedimento, em função do sistema de interpretação adotado, que pode ser:
>
> a) Referenciada à norma, devendo, nesse caso, relatar as características da amostra de normatização de maneira explícita e exaustiva, preferencialmente comparando com estimativas nacionais, possibilitando o julgamento do nível de representatividade do grupo de referência usado para a transformação dos escores;
>
> b) Diferente da interpretação referenciada à norma, devendo, nesse caso, explicar o embasamento teórico e justificar a lógica do procedimento de interpretação utilizado. (CFP, 2018)

Assim, neste mesmo Art. 6º, é solicitada a apresentação explícita da aplicação e correção para que haja a garantia da uniformidade dos procedimentos. Corroborando com o que já foi apresentado neste capítulo, referente à padronização.

Normas de desenvolvimento

Este tipo de normas fundamenta-se em variáveis que podem ser expressas no desenvolvimento progressivo de aspectos psicológicos, tais como, maturação psicomotora, maturação psíquica, idade mental, série escolar, entre outras. Tais características informam sobre aquilo que o indivíduo passa ao longo de sua vida. Neste sentido, são utilizados, como critério de norma, três principais fatores, sendo eles, a idade mental, a série escolar e o estágio de desenvolvimento.

A idade mental

Segundo Anastasi (1977) o conceito de idade mental foi introduzido por Binet e Simon na revisão de 1908 das escalas de Binet-Simon. Nestes casos, os itens individuais são agrupados em níveis de idade. Exemplificando, itens solucionados na amostra de padronização pela maioria das crianças com 9 anos de idade são atribuídas para serem aplicadas e avaliadas em crianças no nível de 9 anos; os itens respondidos pela maioria das crianças com 10 anos serão colocados ao nível de 10 anos, e assim sucessivamente. Desta forma, espera-se que o resultado de uma criança no teste corresponda ao nível mais alto dentro de sua idade, seguindo ainda o exemplo citado, crianças de 8 anos devem ser capazes de responder as questões dentro deste nível de idade de 8 anos, se ela acertar itens classificados como 10 anos, sua idade mental (IM) será 10, embora sua idade cronológica (IC) seja 8 anos.

A autora explica que na adaptação norte-americana da escala de Binet-Simon, a Stanford-Binet (TERMAN; MERRILL, 1960), a idade mental (IM) foi expressa em termos da idade cronológica (IC), resultando no quociente intelectual (QI) por meio da fórmula:

$$QI = 100 \times \frac{IM}{IC}$$

Desta forma, o QI é comparável em diferentes idades, na medida em que a interpretação de um determinado QI é sempre a mesma, qualquer que seja a idade do sujeito. Logo se um sujeito responde a todas as questões relacionadas ao seu nível de idade cronológica representará um QI de 100 (por exemplo, uma criança de 8 anos:

$$QI = 100 \times (8 / 8) = 100$$

Todavia, vale ressaltar que apesar da aparente simplicidade lógica, o QI não é aplicável na maioria dos testes psicológicos, principalmente os testes para adultos. O uso do QI deve ser precedido de uma verificação da variabilidade em diferentes idades, a fim de assegurar que foi satisfeita a condição de variabilidade uniforme do QI ou uma variabilidade proporcional crescente da idade mental. Vários testes de Inteligência que apresentam normas por idade não satisfazem as condições para a constância de QI (ANASTASI, 1977).

Normas Educacionais - Série Escolar

É comum a interpretação de resultados de testes educacionais de aproveitamento em termos de normas de série. O conceito de série escolar como norma é empregado para testes de desempenho acadêmico e pode ser utilizado quando se trata de disciplinas que são oferecidas numa sequência de várias séries escolares. As normas são construídas por meio da pontuação bruta média obtida por alunos em cada série, resultando numa pontuação típica para cada série (ANASTASI, 1977; PASQUALI, 2003). Assim, a criança que apresentar uma pontuação típica, por exemplo, do 4º. ano do Ensino Fundamental, obterá um escore padronizado de 4.

Estágio de Desenvolvimento

Piaget e seus colaboradores examinaram o desenvolvimento cognitivo e estabeleceram uma seqüência de estágios consecutivos do desenvolvimento, denominados: sensório-motor, pré-operacional, operacional concreto, operacional formal. Normas divididas por estágios de desenvolvimento são utilizadas por profissionais da psicologia infantil que estudam o desenvolvimento mental e psicomotor em termos de idades consecutivas de desenvolvimento, como Gesell e Piaget.

Gesell e colaboradores (AMES, 1937; GESELL; AMATRUDA, 1947; HALVERSON, 1933; KNOBLOCH; PASAMANICK, 1974) estabeleceram normas para oito idades típicas (de 4 semanas a 36 meses) de desenvolvimento das crianças no que tange ao comportamento motor, adaptativo, da linguagem e social. Pesquisadores e estudiosos da escola piagetiana (LAURENDEAU; PINARD, 1962, 1970; PINARD; LAURENDEAU, 1964) desenvolvem testes empregando estes estágios como método de interpretação dos resultados (PASQUALI, 2001).

Normas Intragrupo

Como os resultados brutos dos testes normalmente se apresentam em diferentes unidades torna-se impossível a comparação direta de resultados. O nível de dificuldade de cada teste também pode influenciar nessa comparação entre resultados brutos. Assim, normas representadas por meio de transformações normativas, permitem expressa-las em unidades que permitem comparações.

Anastasi (1977) elucida que existem várias maneiras por meio das quais os resultados brutos podem ser transformados, contudo, os resultados dos testes normalmente são expressos por três tipos, entre eles resultados por idade, já descrito anteriormente, percentis e resultado padrão. Assim, nas normas intragrupo o critério de referência dos resultados são a população ou o grupo para a qual o teste foi desenvolvido. A pontuação que o sujeito apresentou em um teste toma sentido em relação aos resultados dos demais sujeitos da população.

Percentis

O percentil indica a posição relativa do sujeito na amostra de padronização. Assim, a localização do sujeito, do ponto de vista percentílico, indica quanto por cento de pessoas desta população (amostra) apresentaram resultados inferiores ao dele. Por exemplo, se 40% dos sujeitos obtiveram um escore bruto menor do que 20, este valor 20 será expresso como percentil 40, o que indica que 40% dos sujeitos têm escore menor que 20 e 60% tem escore maior. Um percentil de 50 indica que o sujeito se situa na mediana dos escores da amostra (Pasquali, 2010).

Apesar de o percentil apresentar uma compreensão mais simples e ser comumente empregado na testagem psicológica, sua grande dificuldade se situa no fato de que as distâncias entre escores percentílicos sucessivos não são constantes, mas variam segundo a posição do escore estar no início/fim da escala ou no meio dela. Portanto, os percentis não devem ser confundidos com "resultados de porcentagem", pois isso significaria porcentagem de itens respondidos corretamente nos testes, mas o percentil representa resultados transformados, apresentados em termos de porcentagem de pessoas que participaram da amostra de padronização (Cronbach, 1996).

Percentis são úteis também para comparar a realização do indivíduo em diferentes testes, não servindo apenas para mostram a posição do indivíduo na amostra normativa. Exemplificando, se uma criança obtém um resultado bruto de 30, num teste aritmético, e de 58, num teste de leitura, não se pode comparar diretamente os resultados, porque suas unidades de medida têm características diferentes. Contudo, se a referência aos resultados percentílicos indique que uma pontuação de 30 no teste de aritmética significa uma localização de percentil 65, enquanto um resultado de 58 num teste de leitura corresponda a um posto de percentil 40, então pode-se inferir que a criança apresentou um resultado melhor no teste aritmético do que no de leitura (Anastasi, 1977).

Entre as vantagens da utilização dos resultados em percentil, verifica-se como primordial sua universalidade para interpretação e comparação de resultados. Podem ser usados tanto em crianças como em adultos, e são adequados para tipos de testes variados, seja para medir variáveis de personalidade, seja para medir atitudes, capacidades cognitivas, etc. Sua principal desvantagem encontra-se vinculado a distribuição dos sujeitos na amostra que ao se aproximar da curva normal, são concentradas grandes quantidades de sujeitos representativos na mediana ou próxima ao centro da distribuição, enquanto os extremos são muito comprimidos, conforme observado na Figura 1.

Figura 1 - Distâncias intervalares de escores percentílicos e escores z

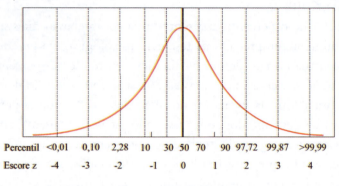

Fonte: Pasquali (2001)

Escore Padrão

Com os avanços no desenvolvimento da testagem psicológica, observa-se cada vez mais o crescente uso de resultados em formato de *escore padrão*, também conhecidos como *resultados padrão* ou simplesmente *escore z*. **O escore padrão revela a distância do sujeito em relação à média, em termos do desvio padrão da distribuição** (ANASTASI; URBINA, 2000).

Normas fundamentadas no escore padrão se baseiam no cálculo de um escore z que está relacionado ao resultado bruto do sujeito, podendo ser calculado de duas formas distintas que resultarão ou em um escore padrão ou em um escore padrão normalizado. O primeiro resultado pode ser determinado por uma transformação linear enquanto o outro se dá por meio de uma transformação não-linear, ambas a partir dos resultados brutos originais.

Escore padrão linear

Derivado do resultado bruto, o escore padrão linear pode ser expresso em uma escala padrão sem afetar a posição relativa dos indivíduos no grupo e nem muda a forma da distribuição original. Os escores padrão são úteis para expressar os escores brutos de formas paralelas de um mesmo teste, sobretudo se as formas possuem dificuldades diferentes. Os escores padrão também facilitam a comparação e interpretação dos resultados (PASQUALI, 2001, 2010).

Em sua maioria, os resultados padrão linearmente derivados são denominados apenas de "escore padrão" ou "escore z" e representa a relação entre o desvio do escore bruto em relação à média e o desvio padrão dos escores do mesmo grupo. Para calcular um escore z, basta encontrar a diferença entre o resultado bruto do indivíduo e a média do grupo normativo e depois dividir essa diferença pelo desvio padrão (DP) do grupo normativo. A fórmula usada para cálculo deste procedimento é:

$$Z = \frac{X - M}{DP}$$

Onde:
X = escore bruto
M = média do grupo
DP = desvio padrão

Exemplificando:

Vamos imaginar o cálculo do escore z de dois sujeitos em um grupo no qual a média é igual a 75 e o desvio padrão igual a 5.

Resultado bruto de André: $X_1 = 85$

$$Z_1 = \frac{85 - 75}{5}$$

$$Z_1 = +2,00$$

Resultado bruto de Roberto: $X_2 = 68$

$$Z_2 = \frac{68 - 75}{5}$$

$$Z_2 = -1,4$$

Escore padrão normalizado (EPN)

Assim como explicado anteriormente, **o objetivo da transformação dos resultados brutos em outro tipo de escala derivada é tornar compatíveis os resultados obtidos em diferentes testes.** Contudo, existem casos em que os resultados não se apresentam na mesma forma do ponto de vista da distribuição normativa dos resultados, por exemplo, comparar o resultado de um teste com distribuição assimétrica com o resultado de outro cuja distribuição não é assimétrica, se aproximando da curva normal.

Testes com resultados de formas diferentes precisarão de transformações não-lineares para ajustar os resultados a qualquer tipo especificado de curva de distribuição. Tal transformação não-linear é calculada por meio das tabelas da curva normal, e incide basicamente em transformar os percentis em escores z (ANASTASI, 1977).

A idade mental e os resultados de percentil, descritos anteriormente, representam transformações não-lineares, mas estão limitadas a desvantagens já discutidas em cada tópico. Apesar da possibilidade de ajustar os resultados a algum outro tipo de distribuição, a curva normal é comumente utilizada para este fim. O motivo relaciona-se ao fato das distribuições de resultados brutos frequentemente se aproximarem mais da curva normal do que de qualquer outro tipo de curva assim como nas medidas físicas, tais como peso e altura, que usam escalas de unidades iguais, obtidas através de operações físicas, produzindo geralmente distribuições normais. Outra conveniência importante da curva normal é apresentar muitas propriedades matemáticas proveitosas, facilitando outros cálculos e comparações.

Segundo Anastasi (1977) os resultados padrão normalizados apresentam-se em termos de uma distribuição que foi transformada a fim de se adequar a uma curva normal, podendo ser calculados por meio de referência a tabelas que deem a porcentagem de casos colocados em diferentes distâncias DP da média de uma curva normal. Para isso, inicialmente verifica-se a porcentagem de sujeitos da amostra de padronização que estejam no nível de cada resultado bruto ou acima dele. Em seguida essa porcentagem deverá ser localizada na tabela de frequência da curva normal, obtendo-se assim o correspondente escore padrão normalizado. Estes escores são apresentados de forma similar ao escore padrão linear, ou seja, com uma média de zero e um DP de 1.

Assim, um EPN de zero indica que o sujeito está na média de uma curva normal, superando 50% do grupo. Já um resultado de - 1,00 significa que o respondente supera aproximadamente 16% do grupo, enquanto um resultado de + 1,00 indica uma superação de 84%. Tais porcentagens correspondem, respectivamente, a uma distância de 1 DP abaixo e 1 DP acima da média de uma curva normal.

Simplificando, o escore padrão normalizado (EPN) são escores padrão forçados a apresentar uma distribuição normal pela conversão dos equivalentes percentis dos escores brutos em correspondentes escores padrão ao longo da curva normal, independentemente da forma original da distribuição. Os escores padrão normalizados geralmente apresentam média 50 e desvio padrão 10.

Transformações do escore padrão

Nos exemplos anteriormente apresentados, observamos a presença de casas decimais e valores negativos (pois o z vai de menos infinito a mais infinito, na prática, de -5 a +5), o que tende a produzir números que podem se tornar difíceis e confusos de utilizar tanto para cálculos quanto para descrições. Assim, costuma-se empregar outra transformação linear visando deixar o escore padrão em um formato mais conveniente (ANASTASI, 1977; PASQUALI, 2001).

Segundo Pasquali (2001), para essa transformação, normalmente o z é multiplicado por um coeficiente e ao produto é agregada uma constante, utilizando a fórmula:

$$\text{Escore transformado} = a + b(z)$$

Assim, o coeficiente de multiplicação do z (isto é, o b da fórmula), tanto quanto a constante somada (o a da fórmula) são arbitrários, o que resulta em diversas formas de apresentação das normas quantas se desejar. Não obstante, alguns valores a e b são habitualmente mais empregados, o que permite estabelecer normas já tradicionalmente conhecidas, tais como o escore T, o QI de desvio, o escore CEEB (*College Entrance Examination Board*) entre outros.

A principal vantagem de se empregar transformações já utilizadas universalmente é que tornam todas estas normas comparáveis entre si (PASQUALI, 2001).

As fórmulas de transformação para algumas destas normas são:

Escore T = 50 + 10z

QI de Desvio = 100 + 15z (Escalas de Wechsler) ou

QI de Desvio = 100 + 16z (Stanford-Binet)

CEEB = 500 + 100z.

Outra transformação bem conhecida é a escala de padrão nove, também chamada de classes normalizadas ou estanino, empregada pela Força Aérea dos Estados Unidos, durante a Segunda Guerra Mundial. Esta transformação fornece um sistema de escores de apenas 1 digito, com uma média de 5 e um DP de 1,96. A palavra stanine é derivada da expressão standard nine point scale, ou seja, o nome padrão nove baseia-se no fato de os resultados irem de 1 a 9. Realizar a transformação a resultados de apenas 1 digito facilita a realização de cálculos, sobretudo com máquinas (ANASTASI, 1977).

O estanino apresenta grande vantagem prática, pois são de fácil utilização para representar resultados de sujeitos submetidos à testagem, mas o seu cálculo é relativamente trabalhoso. Esta transformação consiste em dividir os z, que vão comumente de −3 a +3, em uma quantidade de classes. As divisões de classes mais usadas são 5, 7, 9 (estaninos) e 11. Como exemplo, ao dividir os z em 5 classes, obtém-se uma divisão facilmente compreensível e prática dos resultados dos sujeitos tais como:

Superior / Média Superior / Média / Média Inferior / Inferior

As formas de transformação dos escores descritas produzem resultados análogos se as distribuições de frequência forem normais. **Quanto mais as distribuições se espaçam da normalidade, menor é a recomendação e a utilização de transformações não-linear dos escores** (PASQUALI, 2001).

Sistema de correção e interpretação presente nos manuais de testes

Ainda em tempo, neste breve tópico serão apresentados os aspectos relacionados a avaliação do sistema de correção e interpretação, em relação as normas, que deverão estar presentes nos manuais de testes psicológicos, segundo o Anexo I da Resolução nº 009/2018. Por meio deste Anexo, além de ser solicitada informações a respeito da "Descrição Geral do Teste Psicológico", outros tópicos exigirão a apresentação dos tipos de estudos presentes, grupos amostrais, estudos de validade e precisão, correção e interpretação de escores etc.

Por exemplo, na primeira etapa de descrição geral do teste, considera as informações fornecidas pelo manual, tais como: A1. Nome do teste; A2. Autor(es); A3. Responsável técnico (Psicólogo inscrito, informar nome e número do CRP); A4. Editora; A5. Se o manual possui Ficha Síntese (com objetivo, público-alvo, material, aplicação e correção); A6. Se possui Aplicação Individual, Coletiva, Informatizada ou não, se exige intervenção adicional do aplicador durante a aplicação (por ex. testes de aplicação individual que exigem inquérito, controle do tempo, manipulação de materiais etc.; A7. Se a Correção é Informatizada ou não; A8. Qualidade gráfica do material do teste (incluindo os estímulos, a apresentação do material impresso, impressão, formatação, organização, objetos e/ou software, etc.); A9. Qualidade da redação do teste, se há adequação às normas cultas da língua portuguesa; e, por fim, A10. A respeito da Conclusão sobre a qualidade geral do manual.

Já em uma etapa mais adiante deste Anexo I da Resolução nº 009/2018, verificam-se aspectos de apresentação dos manuais de testes, relacionados à presença de:

B8.1) Sistema referenciado à norma:

- Relata as características importantes da amostra de normatização (por exemplo, sexo, escolaridade, região, nível socioeconômico, etc.)?

- Compara características sociodemográficas relevantes da amostra com estimativas nacionais?

- O estudo de normatização inclui participantes de diferentes regiões geopolíticas brasileiras?

- O estudo de normatização inclui participantes em número adequado para os estudos realizados, considerando a natureza do teste (projetivo ou objetivo)?

B8.2) Diferente da interpretação referenciada à norma (referência ao conteúdo, ao critério e a outros tipos):

- Explica o embasamento teórico do sistema?

- O sistema está sustentado em princípios lógicos derivados do embasamento teórico e está apoiado nos estudos de validade?

- Há estudos sistemáticos de estabelecimento de pontos de corte baseados nos estudos de validade de critério para apoiar as interpretações pretendidas?

B8.3) Análise de pontos de corte: acurácia/ especificidade/ sensibilidade:

- Testes que propõem diagnósticos com base em pontos de corte devem apresentar um estudo de acurácia. O estabelecimento de pontos de corte deve estar de acordo com o propósito do teste (pode ser mais sensível ou específico, dependendo da finalidade do teste) (CFP, 2018).

O referido trecho do Anexo I da Resolução nº 09/2018 esclarece ainda que "(..) é fundamental discutir a acurácia, a sensibilidade e a especificidade, indicando, claramente, as situações nas quais os pontos de corte são adequados, bem como as suas limitações e os riscos envolvidos na sua utilização (falsos positivos e negativos)" (CFP, 2018). Em continuação ao trecho, ainda afirma-se que: "Não existe um ponto de corte ideal para todos os testes (*American Educational Research Association, American Psychological Association, & National Council on Measurement in Education*" (CFP, 2018).

Além disso, no referido Anexo I sugere-se que sejam apresentadas publicações com pesquisas e estudos nos quais a acurácia do teste seja comparada com a de outros testes já existentes e/ou versões anteriores do mesmo teste, se isso se aplicar. Ainda, em casos nos quais os pontos de corte tenham sido determinados por estudos internacionais, que seja também obrigatória a apresentação da acurácia, sensibilidade e especificidade em pesquisas específicas no contexto nacional (brasileiro). Afinal de contas, ao se estabelecerem pontos de corte, se os estudos forem insatisfatórios ou insuficientes, possíveis erros de diagnósticos podem ocorrer e afetar consideravelmente a vida da pessoa avaliada (CFP, 2018).

Por fim, a respeito da qualidade do teste em relação aos aspectos normativos, os testes psicológicos avaliados pelo SATEPSI (CFP, 2018) poderão apresentar, no item B8.4, "Conclusão sobre o sistema de correção e interpretação dos escores":

( ) Nível A+ (Excelente): possui sistema de correção e interpretação de escores baseados na literatura, com amostras controladas em relação às variáveis associadas ao construto. Os estudos contemplam as cinco regiões geopolíticas brasileiras, com mínimo de 250 por região ou 1000 no total, distribuídos nas cinco regiões conforme proporção calculada a partir de dados geopolíticos populacionais. No caso de testes que utilizem outros sistemas de normas (por critério, conteúdo e outros), o estudo normativo deve ter no mínimo 100 participantes, por região geopolítica, e a interpretação deve ser detalhada em relação aos níveis da escala (pontos de corte empiricamente derivados, por exemplo) ou aos indicadores qualitativos.

( ) Nível A (Bom): possui sistema de correção e interpretação de escores baseados na literatura, com amostras controladas em relação às variáveis associadas ao construto. Os estudos contemplam duas regiões geopolíticas brasileiras, com mínimo de 250 por região ou 500 no total distribuídos nas regiões conforme proporção calculada a partir de dados geopolíticos populacionais. No caso de testes que utilizem outros sistemas de normas (por critério, conteúdo e outros), o estudo normativo deve ter no mínimo 100 participantes, por região geopolítica, e a interpretação deve ser detalhada em relação aos níveis da escala (pontos de corte empiricamente derivados, por exemplo) ou aos indicadores qualitativos.

( ) Nível B (Suficiente): possui sistema de correção e interpretação de escores baseados na literatura. Os estudos contemplam uma região geopolítica brasileira, com mínimo de 500 participantes. No caso de testes que utilizem outros sistemas de normas (por critério, conteúdo e outros), o estudo normativo deve ter no mínimo 150 participantes e a interpretação deve ser detalhada em relação aos níveis da escala (pontos de corte empiricamente derivados, por exemplo) ou aos indicadores qualitativos.

( ) Nível C (Insuficiente): não atende às especificações anteriores (CFP, 2018).

Ainda, em relação à Resolução nº 009/2018 a respeito da atualização de normas de testes psicológicos:

Art. 21- Define-se Atualização de Normas o processo de elaboração de novos estudos normativos para testes psicológicos aprovados e com evidências de validade vigentes. §1o - Não se trata de atualização de normas o estudo com amostras que possuam características sociodemográficas diferentes das especificadas no manual do teste aprovado pelo SATEPSI. §2o - Nesse caso, o material deverá ser submetido à nova avaliação pelo SATEPSI, seguindo as normas desta Resolução, incluindo-se as novas evidências de validade e estudos de precisão.

(...)

Art. 25 - As normas atualizadas, a partir da data de aprovação, devem ser disponibilizadas juntamente com o teste psicológico. Cabe aos autores, editores, laboratórios, instituições e responsáveis técnicos do teste determinarem de que forma tal disponibilização será feita, não podendo este ser utilizado sem a versão mais atualizada de suas normas aprovadas pelo SATEPSI (CFP, 2018).

Em tempo, destacamos também a Nota Técnica nº 004/2019 sobre o uso de testes psicológicos em pessoas com deficiência, cujo documento altera a Nota Técnica intitulada "Construção, Adaptação e Validação de Instrumentos para Pessoas com Deficiência", publicada em 2013. Tal Nota Técnica de 2019 orienta psicólogos, pesquisadores, editoras e laboratórios responsáveis quanto às pesquisas para construção, adaptação e estudos de equivalência de testes psicológicos para pessoas com deficiência. Haja vista que, na tentativa de proporcionar acessibilidade aos materiais dos testes para pessoas com deficiência, a construção/adaptação de testes psicológicos pode requerer a utilização de modificações e alguns recursos adicionais, como, por exemplo, as tecnologias assistidas.

A Nota Técnica nº 004/2019 ressalta a necessidade do profissional em garantir que a testagem em diferentes grupos seja justa para todos os participantes e, para isso, sugere-se estudar o efeito das diferenças entre os grupos no funcionamento dos itens do teste psicológico e dos escores. Contudo, segundo a referida nota técnica alguns aspectos adicionais devem ser observados com vistas à manutenção da qualidade psicométrica destes testes para aplicação em pessoas com deficiência, fundamentados na utilização do Desenho Universal para uma testagem universal.

O conceito de Desenho Universal busca proporcionar a máxima acessibilidade reduzindo o viés de medida, pois permite pensar, desde o início da construção ou mesmo na pós-construção, em testes que possam ser flexíveis a adaptações, atendendo a uma população ampla (Oliveira; Nuernberg; Nunes, 2013; Thompson; Johnstone; Thurlow, 2002 apud CFP, 2019d).

Portanto, alguns aspectos devem ser observados para aplicação de testes psicológicos em pessoas com deficiência, segundo a referida Nota Técnica:

> 1 – *Conhecimento teórico-empírico sobre a população-alvo.*
>
> 2 – *Necessidade de que a operacionalização do construto apresente equivalência para grupos com características distintas.*
>
> 3 – *Estudos com população ampla e diversificada* (considerar pessoas com tipos e graus de deficiência diferentes).
>
> 4 – *Condições iguais de aplicação para pessoas com e sem deficiência.*
>
> 5 – *Graus diferenciados de uma mesma deficiência* (são recomendados estudos de Funcionamento Diferencial do Item – DIF).
>
> 6 – *Itens não tendenciosos e acessíveis* (novamente são recomendados estudos de DIF).
>
> 7 – Estudos psicométricos – "Os estudos psicométricos – obtenção de evidências de validade e precisão, bem como estudos de normatização – devem ser realizados considerando toda a amostra de respondentes, desde que comprovada a invariância dos parâmetros dos itens, quando aplicável" (CFP, 2019d).

É condição indispensável, segundo a Nota Técnica n° 004/2019, que seja considerada a heterogeneidade da população com deficiência, exigindo um conhecimento profundo sobre o público ao qual o teste é destinado, o tipo de deficiência e como o público irá manusear os materiais do teste psicológico. Nesse sentido, a elaboração das instruções de aplicação, bem como a padronização de todo material de suporte (cartões, estímulos, cadernos de aplicação, folhas de resposta etc.) devem considerar também que a aplicação dos testes nestas populações pode exigir complementos e apoios diferentes da população normativa sem deficiência.

Assim, fica entendido que a aplicação do teste deve possibilitar condições iguais de aplicação para pessoas com e sem deficiência. A Nota em tela apresenta o exemplo:

> (...) um teste de memória pode favorecer a inclusão de pessoas surdas na medida em que não utiliza instruções ou estímulos verbais.

Dessa forma, o referido teste de memória pode ser aplicado tanto a pessoas surdas quanto a pessoas não surdas. Similarmente, um teste de memória pode favorecer a inclusão de pessoas cegas na medida em que não utiliza instruções ou estímulos visuais, podendo assim ser aplicado a pessoas cegas e não cegas (CFP, 2019d).

CONSIDERAÇÕES FINAIS

A Resolução nº 009/2018 regulamenta a utilização, elaboração e comercialização de testes psicológicos, restringindo o uso por parte dos psicólogos apenas a testes que tenham sido comprovados por estudos científicos e encaminhados para a avaliação da Comissão de Avaliação Psicológica do Sistema de Avaliação de Testes Psicológicos. Entre as recomendações da resolução, são solicitadas a apresentação da fundamentação teórica que embasa o teste, evidências empíricas de validade e precisão, dados informando às propriedades psicométricas dos itens do instrumento, informações a respeito do sistema de correção e interpretação dos resultados, e também dos procedimentos padronizados de aplicação e interpretação.

No estabelecimento de normas de testes, englobando desde sua criação, desenvolvimento e utilização, deve-se dar grande atenção a amostra de padronização. A amostra em que se fundamentam as normas deve ser satisfatoriamente ampla, a fim de proporcionar valores estáveis (ANASTASI; URBINA, 2000). Do mesmo modo, é importante a exigência de que a amostra seja representativa da população considerada. Devem-se investigar, cuidadosamente, fatores relevantes durante a seleção dos sujeitos que irão compor a amostra de padronização, capazes de tornar a amostra não-representativa. Entre estes fatores, devem ser considerados aspectos como idade, sexo, escolarização, nível socioeconômico, acesso à informação, entre outros.

Ao final, cabe destacar também, que estamos tratando de uma ciência em desenvolvimento, em transformação constante. Portanto, os profissionais precisam acompanhar as inovações da área, assim como, ter rigor quanto às normas, resoluções, pesquisas da área, haja vista, recentemente temos acompanhado novas resoluções, que revogaram e trazem evoluções quanto às normas e procedimentos de avaliação psicológica, tal como, a Resolução nº 009/2018 e, mais recentemente, como já afirmado, o CFP revogou as Resoluções nº 007/2009 e 009/2011 e publicou a Resolução nº 001/2019, que institui normas e procedimentos para a perícia psicológica no contexto do trânsito, assim como, a Resolução CFP nº 006/2019, à respeito da elaboração de documentos, entre tantas novas normativas que serão produzidas.

Contudo, entre pontos em comum, nestas resoluções mais recentes da área, destaca-se que o profissional Psicólogo deverá utilizar testes psicológicos que tenham, obrigatoriamente, parecer favorável pelo SATEPSI. Assim como, presar pela qualidade, guarda e elaboração de documentos, sigilo, entre tantos outros aspectos de destaque das novas resoluções as áreas, em vigor.

Por fim, destaca-se a importância do processo de padronização e normatização como meio para aumentar a probabilidade de que as ferramentas para avaliação psicológica estejam cada vez mais adequadas ao trabalho desenvolvido por profissionais, e também que avaliações não sejam invalidadas em virtude da má utilização dos testes, trazendo benefícios infindáveis principalmente para o indivíduo submetido à testagem.

Em síntese, a apreciação e compreensão cada vez mais cuidadosa e consistente teoricamente das técnicas e ferramentas de avaliação psicológica, capazes de indicar, com maior precisão, os caminhos para tomada de decisão, surgem como uma necessidade prioritária no cenário nacional e internacional.

A consolidação do campo da avaliação psicológica dentro da psicologia reveste-se de capacidade potencial de colaborar não apenas para a melhoria da qualidade de vida das pessoas, mas também para que organizações e instituições disponham ainda mais de ferramentas no atual contexto globalizado, a partir da qualidade dos serviços oferecidos a seus clientes. Com medidas que atendam aos critérios associados à padronização e normatização de seus dados e resultados, a testagem provavelmente apresentará um melhor desempenho e, desta forma, irá cooperar mais eficazmente para o sucesso quanto às avaliações psicológicas, o que, poderá se reverter em melhores produtos e serviços oferecidos.

QUESTÕES

1. A testagem psicológica diferencia-se de outras técnicas de avaliação por se tratar de procedimentos referenciados a normas e a diretrizes interpretativas padronizadas. Para alguns autores há uma distinção clara entre padronização e normatização. Defina estes dois conceitos.

2. Suponha que, durante um processo de Recrutamento e Seleção, a utilização de testes psicológicos tenha sido feita de forma inadequada. Em uma situação como esta, o resultado do examinando pode ficar comprometido? Justifique.

3. O aplicador do teste é um elemento importante no processo de testagem. Explique os motivos pelos quais o aplicador pode afetar os resultados do teste.

4. A principal vantagem de se empregar transformações já utilizadas universalmente é que tornam os resultados comparáveis entre si. Assim sendo, seria o QI aplicável em todos os testes psicológicos?

5. Os escores de postos de percentil são o método mais direto e disseminado para transmitir resultados de testes referenciados em normas. Contudo, os escores de percentil são muitas vezes confundidos com escores percentuais. Sendo estes dois tipos de escores distintos, justifique a diferença entre eles.

REFERÊNCIAS

ALCHIERI, J. C.; CRUZ, R. M. *Avaliação psicológica*: conceito, métodos e instrumentos. São Paulo: Casa do Psicólogo, 2010.

AMES, L. B. The sequential patterning of prone progression in the human infant. *Genetic Psychology Monographs*, v. 19, p. 409–460, 1937.

ANASTASI, A. *Testes Psicológicos*. São Paulo: EPU, 1977.

ANASTASI, A.; URBINA, S. *Testagem psicológica*. Porto Alegre: Artes Médicas, 2000.

BINET, A.; SIMON. T. Méthodes nouvelles pour le diagnostic du niveau intellectuel des anormaux. *L'Année Psychologique*, v. 11, p. 191-244, 1905.

BRASIL. *Lei N° 4.119, de 27 de agosto de 1962. Dispõe sôbre os cursos de formação em psicologia e regulamenta a profissão de psicólogo.* Disponível em: <http://www.planalto.gov.br/ccivil_03/LEIS/1950-1969/L4119.htm>. Acesso em: 01 Set. 2019.

BRASIL. *Decreto n° 53.464 de 21-01-1964. Regulamenta a Lei n° 4.119, de agosto de 1962, que dispõe sobre a Profissão de Psicólogo.* Disponível em: <http://www.planalto.gov.br/ccivil_03/decreto/1950-1969/D53464.htm>. Acesso em: 01 Set. 2019.

COHEN, R. J.; SWERDLIK, M. E.; STURMAN, E. D. Testagem e Avaliação Psicológica: Introdução a Testes e Medidas. AMGH Editora, 2014.

CONSELHO FEDERAL DE PSICOLOGIA (CFP). *Resolução n.° 002/2003. Define e regulamenta o uso, a elaboração e a comercialização de testes psicológicos e revoga a Resolução CFP n° 025/2001.* 2003. Disponível em: <https://site.cfp.org.br/wp-content/uploads/2012/05/resoluxo022003.pdf>. Acesso em: 01 Set. 2019.

CONSELHO FEDERAL DE PSICOLOGIA (CFP). *Resolução n.° 007/2003. Institui o Manual de Elaboração de Documentos Escritos produzidos pelo psicólogo, decorrentes de avaliação psicológica e revoga a Resolução CFP ° 17/2002.* 2003. Disponível em: <https://site.cfp.org.br/wp-content/uploads/2003/06/resolucao2003_7.pdf>. Acesso em: 01 Set. 2019.

CONSELHO FEDERAL DE PSICOLOGIA (CFP). *Resolução n° 006/2004. Altera a Resolução CFP n.° 002/2003.* 2004. Disponível em: <http://www.pol.org.br/pol/export/si-tes/default/pol/legislacao/legislacaoDocumentos/resolucao2003_02.pdf/>. Acesso em: 01 Set. 2019.

CONSELHO FEDERAL DE PSICOLOGIA (CFP). *Resolução n° 010/2005. Código de Ética Profissional do Psicólogo.* 2005. Disponível em: <https://site.cfp.org.br/wp-content/uploads/2012/07/codigo_etica.pdf>. Acesso em: 01 Set. 2019.

CONSELHO FEDERAL DE PSICOLOGIA (CFP). *Resolução n° 07/2009. Revoga a Resolução CFP n° 012/2000, publicada no DOU do dia 22 de dezembro de 2000, Seção I, e institui normas e procedimentos para a avaliação psicológica no contexto do Trânsito.* 2009. Disponível em: <https://site.cfp.org.br/wp-content/uploads/2009/08/resolucao2009_07.pdf>. Acesso em: 01 Set. 2019.

CONSELHO FEDERAL DE PSICOLOGIA (CFP). *Resolução n° 009/2011. Altera a Resolução CFP n° 007/2009, publicada no DOU, Seção 1, do dia 31 de julho de 2009.* 2011. Disponível em: <https://site.cfp.org.br/wp-content/uploads/2011/05/resolucao2011_009.pdf>. Acesso em: 01 Set. 2019.

CONSELHO FEDERAL DE PSICOLOGIA (CFP). *Resolução nº 005/2012. Altera a Resolução CFP n.º 002/2003, que define e regulamenta o uso, a elaboração e a comercialização de testes psicológicos.* 2012. Disponível em: <https://site.cfp. org.br/wp-content/uploads/2012/03/Resolucao_CFP_005_12_1.pdf>. Acesso em: 01 Set. 2019.

CONSELHO FEDERAL DE PSICOLOGIA (CFP). *Nota Técnica nº 01/2017 – CFP Em 05 de maio de 2017. Altera a Nota Técnica nº 02/2016, que orienta psicólogos, editoras e laboratórios responsáveis pela utilização e comercialização de serviços, recursos e produtos psicológicos em ambiente virtual, em plataformas informatizadas.* 2017a. Disponível em: <https://site.cfp.org.br/wp-content/uploads/2017/05/Nota-T%C3%A9cnica-n%C2%BA-01-2017-Plataformas-Informatizadas-de-Testes-psicol%C3%B3gicos.pdf>. Acesso em: 01 Set. 2019.

CONSELHO FEDERAL DE PSICOLOGIA (CFP). *Nota Técnica nº 02/2017 – CFP. Orientação de atualização de normas de testes psicológicos.* 2017b. Disponível em: <https://site.cfp.org.br/wp-content/uploads/2017/05/Nota-T%C3%A9cnica-n%C2%BA-02-2017-Atualiza%C3%A7%C3%A3o-de-normas-de-testes-psicol%C3%B3gicos.pdf>. Acesso em: 01 Set. 2019.

CONSELHO FEDERAL DE PSICOLOGIA (CFP). *Resolução nº 9, de 25 de abril de 2018. Estabelece diretrizes para a realização de Avaliação Psicológica no exercício profissional da psicóloga e do psicólogo, regulamenta o Sistema de Avaliação de Testes Psicológicos - SATEPSI e revoga as Resoluções nº 002/2003, nº 006/2004 e nº 005/2012 e Notas Técnicas nº 01/2017 e 02/2017.* 2018. Disponível em: <http://satepsi.cfp.org.br/docs/Resolu%C3%A7%C3%A3o-CFP-n%-C2%BA-09-2018-com-anexo.pdf>. Acesso em: 01 Set. 2019.

CONSELHO FEDERAL DE PSICOLOGIA (CFP). *Resolução nº 1, de 7 de fevereiro de 2019. Institui normas e procedimentos para a perícia psicológica no contexto do trânsito e revoga as Resoluções CFP nº 007/2009 e 009/2011.* 2019a. Disponível em: <http://www.in.gov.br/materia/-/asset_publisher/Kujrw0TZC2Mb/content/id/62976927/do1-2019-02-12-resolucao-n-1-de-7-de-fevereiro-de-2019-62976886>. Acesso em: 01 Set. 2019.

CONSELHO FEDERAL DE PSICOLOGIA (CFP). *Resolução nº 4, de 11 de fevereiro de 2019. Institui as regras para a elaboração de documentos escritos produzidos pela(o) psicóloga(o) no exercício profissional, e revoga a Resolução CFP º 07/2003 e Resolução CFP nº 15/1996.* 2019b. Disponível em: <http://www.in.gov.br/materia/-/asset_publisher/Kujrw0TZC2Mb/content/id/63171370/do1-2019-02-13-resolucao-n-4-de-11-de-fevereiro-de-2019-63171302>. Acesso em: 01 Set. 2019.

CONSELHO FEDERAL DE PSICOLOGIA (CFP). *Resolução nº 6, de 29 de março de 2019. Institui regras para a elaboração de documentos escritos produzidos pela(o) psicóloga(o) no exercício profissional e revoga a Resolução CFP nº 15/1996, a Resolução CFP nº 07/2003 e a Resolução CFP nº 04/2019.* 2019c. Disponível em: <http://www.in.gov.br/web/guest/materia/-/asset_publisher/Kujrw0TZC2Mb/content/id/69440957/do1-2019-04-01-resolucao-n-6-de-29-de-marco-de-2019-69440920>. Acesso em: 01 Set. 2019.

CONSELHO FEDERAL DE PSICOLOGIA (CFP). *Nota Técnica n.º 04/2019. Orienta psicólogas(os), pesquisadores, editoras e laboratórios responsáveis quanto às pesquisas para construção, adaptação e estudos de equivalência de testes psicológicos para pessoas com deficiência e altera a Nota Técnica "Construção, Adaptação e Validação de Instrumentos para Pessoas com Deficiência".* 2019d. Disponível em: <https://site.cfp.org.br/wp-content/uploads/2019/04/Nota-T%C3%A9cnica-04.2019-03.04.2019-FINAL.pdf>. Acesso em: 01 Set. 2019.

CRONBACH, L. J. *Fundamentos da testagem psicológica.* Porto Alegre: Artes Médicas, 1996.

GESELL, A.; AMATRUDA, C. S. *Development diagnosis.* 2. ed. Nova York: Hoeber-Harper, 1947.

HALVERSON, H. M. The acquisition of skill in infancy. *Journal of Genetic Psychology,* v. 43, p. 3-48, 1933.

HUTZ, C. S., BANDEIRA, D. R.; TRENTINI, C. M. *Psicometria.* Artmed Editora, 2015.

KNOBLOCK, H.; PASAMANICK. B. (Orgs.) *Gesell and Amatruda's developmental diagnosis.* 3. ed. Nova York: Harper & Row, 1974.

LAURENDEAU, M.; PINARD, A. *Causal thinking in the child*: a genetic and experimental approach. Nova Iorque: International Universities Press, 1962.

LAURENDEAU, M.; PINARD, A). *The development of the concept of space in the child.* Nova Iorque: International Universities Press, 1970.

PASQUALI, L. *Técnicas de Exames Psicológicos – TEP*: Manual. São Paulo: Casa do Psicólogo, 2001.

PASQUALI, L. *Psicometria*: teoria dos testes na psicologia e na educação. Petrópolis: Vozes, 2003.

PASQUALI, L. (Org.). *Instrumentação psicológica*: fundamentos e práticas. Porto Alegre: Artmed, 2010.

PINARD, A.; LAURENDEAU, M. A scale of mental development based on the theory of Piaget. Description of a project. *Journal of Research in Science Teaching,* v. 2, p. 253-260, 1964.

TREFFINGER, D. J. Research on creativity assessment. In: ISAKSEN, S. G. (Org.), *Frontiers of creativity research*: beyond the basics. Buffalo: Bearly, 1987. p. 103-119.

TERMAN, L. M.; MERRILL, M. A. *Stanford-Binet Intelligence Scale*: Manual for the third revision, Form L-M. Boston: Houghton Mifflin, 1960.

URBINA, S. *Fundamentos da testagem psicológica*. Porto Alegre: Artmed.

WERLANG, B. S. G.; VILLEMOR-AMARAL, A. E.; NASCIMENTO, R. S. G. F. Avaliação psicológica, testes e possibilidades de uso. In: CONSELHO FEDERAL DE PSICOLOGIA (CFP). *Avaliação psicológica: diretrizes na regulamentação da profissão*. Brasília: CFP, 2010. p. 87-100.

CAPÍTULO 7

A ÉTICA NO USO DE TESTES NO PROCESSO DE AVALIAÇÃO PSICOLÓGICA

Maria Cristina Barros Maciel Pellini
Irene F. Almeida de Sá Leme

A Avaliação Psicológica, tarefa prevista em lei como privativa do psicólogo segundo a Lei 4119/62, Art. 13º, § 1º (BRASIL, 1962), nos últimos anos vem se difundindo, trazendo muitas contribuições em diversas áreas do conhecimento da psicologia.

De acordo com a atual Resolução nº 009/2018 do Conselho Federal de Psicologia, em seu Art. 1º,

> Avaliação Psicológica é definida como um processo estruturado de investigação de fenômenos psicológicos, composto de métodos, técnicas e instrumentos, com o objetivo de prover informações à tomada de decisão, no âmbito individual, grupal ou institucional, com base em demandas, condições e finalidades específicas. (CFP, 2018)

Enquanto a Avaliação Psicológica refere-se a um processo amplo que envolve a integração de informações provenientes de diversas fontes, como, testes, entrevistas, observações, análises de documentos, entre outras, a testagem psicológica deve ser

considerada como uma das etapas da avaliação, por meio da utilização de testes psicológicos de diferentes tipos.

Pasquali e Alchieri (2001) definem testes psicológicos como um procedimento sistemático para observar um comportamento e descrevê-lo com a ajuda de escalas numéricas. A Resolução nº 009/2018 incluiu, em seu Art. 1º §1, que "Os testes psicológicos abarcam também os seguintes instrumentos: escalas, inventários, questionários e métodos projetivos/expressivos, para fins de padronização" (CFP, 2018).

A Resolução do CFP nº 009, de 25 de abril de 2018, que estabelece diretrizes para a realização de Avaliação Psicológica no exercício profissional de psicologia, regulamenta o Sistema de Avaliação de Testes Psicológicos (SATEPSI) e revoga as Resoluções nº 002/2003, nº 006/2004 e nº 005/2012 e as Notas Técnicas nº 001/2017 e 002/2017, dispõe em seu Art. 2º:

> Na realização da Avaliação Psicológica, a psicóloga e o psicólogo devem basear sua decisão, obrigatoriamente, em métodos e/ou técnicas e/ou instrumentos psicológicos reconhecidos cientificamente para uso na prática profissional da psicóloga e do psicólogo (fontes fundamentais de informação), podendo, a depender do contexto, recorrer a procedimentos e recursos auxiliares (fontes complementares de informação). (CFP, 2018)

Consideram-se fontes de informação:

I – Fontes fundamentais: a) Testes psicológicos aprovados pelo CFP para uso profissional dos psicólogos e/ou;

b) Entrevistas psicológicas, anamnese e/ou;

c) Protocolos ou registros de observação de comportamentos obtidos individualmente ou por meio de processo grupal e/ou técnicas de grupo.

II - Fontes complementares:

a) Técnicas e instrumentos não psicológicos que possuam respaldo da literatura científica da área e que respeitem o Código de Ética e as garantias da legislação da profissão;

b) Documentos técnicos, tais como protocolos ou relatórios de equipes multiprofissionais.

De acordo com o mesmo Art. 2 §1º,

Será considerada falta ética, conforme disposto na alínea c do Art. 1º e na alínea f do Art. 2º do Código de Ética Profissional do (a) psicólogo (a) a utilização de testes psicológicos com parecer desfavorável ou que constem na lista de Testes Psicológicos Não Avaliados no site do SATEPSI, salvo para os casos de pesquisa na forma da legislação vigente e de ensino com objetivo formativo e histórico na Psicologia. (CFP, 2018)

Portanto, é função do psicólogo a avaliação e a escolha dos métodos e técnicas a serem utilizados em sua prática profissional. No caso dos testes, é importante, primeiramente, a consulta ao Sistema de Avaliação de Testes Psicológicos (SATEPSI), disponível no site do Conselho Federal de Psicologia, buscando verificar se o instrumento escolhido consta na listagem com parecer favorável para uso profissional. Após a confirmação do parecer favorável do instrumento, é igualmente importante consultar o manual do referido teste, de modo a obter informações adicionais acerca do construto psicológico que ele pretende medir, bem como sobre os contextos e propósitos para os quais sua utilização mostra-se apropriada.

Pellini, Rosa e Vilarinho (2002) apontam um ponto importante que merece reflexão quanto à qualidade dos instrumentos, mais especificamente, quanto à qualidade científica destes, com validação e normas atualizadas e adequadas à população que irá utilizá-los. Os "Princípios Éticos e Código de Conduta", da *American Psychological Association*", dizem, em seu Artigo 2.07:

> (a) Os psicólogos não baseiam sua avaliação ou decisões de intervenção ou recomendações sobre dados ou resultados de testes que estejam desatualizados para a atual finalidade.
>
> (b) De modo semelhante, os psicólogos não baseiam tais decisões ou recomendações em testes e medidas obsoletas e não úteis para a atual finalidade. (APA, 1992, tradução nossa)[1]

Alves (1998, p. 22) comenta sobre a qualidade psicométrica dos testes como fundamental para a sua utilização, pois o emprego de instrumentos não padronizados para a realidade brasileira "(...) leva muitas

---

[1] No original: "*(a) Psychologists do not base their assessment or intervention decisions or recommendations on data or test results that are outdated for the current purpose. (b) Similarly, psychologists do not base such decisions or recommendations on tests and measures that are obsolete and not useful for the current purpose.*"

vezes ao uso de testes totalmente inadequados, o que também invalida todas as conclusões tiradas a partir dessas avaliações". A autora levanta, nessas considerações, a questão da atualização das normas dos testes e a necessidade de pesquisas periódicas para o estabelecimento dessas normas (PELLINI; ROSA; VILARINHO, 2002).

A Resolução nº 009/2018 uniformizou o prazo de vigência dos estudos de validade, precisão e normas dos testes psicológicos em 15 anos. Pela Resolução anterior, nº 002/2003, alterada pela Resolução nº 06/2004, os prazos eram de 15 anos para os dados referentes à padronização e 20 anos para os dados referentes à validade e precisão.

Testes avaliados na vigência da Resolução nº 002/2003 com parecer favorável poderão ser utilizados até o vencimento dos estudos de validade e precisão, desde que apresentem estudos de normatização vigentes.

Com a uniformização, serão evitados problemas que ocorrem atualmente, como por exemplo, testes aprovados que precisam apresentar novos estudos de normatização, mas que seus estudos de validade e precisão continuam favoráveis. Cabe ressaltar que a alteração se aplica aos materiais analisados a partir da promulgação da nova resolução.

A Resolução nº 009/2018, vigente atualmente, também alterou a responsabilidade pela submissão dos estudos de validade, precisão e de atualização de normas dos testes psicológicos. A partir desta nova resolução, a responsabilidade passa a ser exclusiva do responsável técnico que deve ser um psicólogo com CRP ativo. Na Resolução anterior, de nº 002/2003, tal responsabilidade podia ser também da editora que comercializava ou comercializaria o teste psicológico, mas considerando o §1º, do Art. 13, da Lei nº 4119/62, o material é de uso privativo do profissional psicólogo e dessa forma é ele quem deve responder pelo próprio material.

Tradicionalmente são encontrados testes com o objetivo de mensurar áreas tais como inteligência, cognição, psicomotricidade, atenção, memória, percepção, emoção, afeto, motivação, personalidade, dentre outras, nas suas mais diversas formas de expressão, segundo padrões definidos pela construção dos instrumentos.

Portanto, é função do psicólogo a avaliação e a escolha dos métodos e técnicas a serem utilizados em sua prática profissional. No caso dos testes, é importante, primeiramente, a consulta ao Sistema de Avaliação de Testes Psicológicos (SATEPSI), disponível no site do Conselho

Federal de Psicologia (http://satepsi.cfp.org.br/), buscando verificar se o instrumento escolhido consta na listagem com parecer favorável para uso profissional. Após a confirmação do parecer favorável do instrumento, é igualmente importante consultar o manual do referido teste, de modo a obter informações adicionais acerca do construto psicológico que ele pretende medir, bem como sobre os contextos e propósitos para os quais sua utilização mostra-se apropriada.

Para a utilização de alguns instrumentos que exigem uma ou mais habilidades específicas (teóricas e de interpretação) por parte do aplicador, deve-se verificar, também, se não existem dificuldades tanto por parte do psicólogo (conhecimento para a interpretação conforme a teoria e construto em que o teste foi criado), ou ainda, dificuldades físicas ou psíquicas do examinando. Ressalta-se a obrigatoriedade em utilizar-se o teste dentro dos padrões referidos por seu manual e cuidar da adequação do ambiente, do espaço físico, do vestuário dos aplicadores e de outros estímulos que possam interferir na aplicação.

Pellini e Pereira (2008), em matéria publicada no Jornal Psi – CRPSP destacam que o uso de instrumentos de forma imprópria, com parecer desfavorável, ou mesmo uma interpretação errônea, pode prejudicar os examinados, além de implicar em falta ética por parte do profissional. As autoras mencionam ainda que os instrumentos utilizados devem estar de acordo com as normas para evitar prejuízos à população usuária. Este importante alerta deve-se à disseminação do uso dos testes psicológicos em processos seletivos e em várias outras circunstâncias, de maneira irresponsável.

O uso de instrumentos não favoráveis pode causar prejuízos aos usuários e resultar numa avaliação inadequada, como: candidatos "não recomendados" para assumirem cargos/funções em processos seletivos para uma vaga em uma empresa ou concurso público (na área de recursos humanos); pacientes para realização de cirurgia bariátrica se submeterem a processos avaliativos em que o recurso utilizado não afira as verdadeiras condições psíquicas desses pacientes (na área clínica/hospitalar); riscos de envolvimento em acidentes por candidatos que receberam Carteira Nacional de Habilitação (CNH) sem terem a aptidão necessária; recomendação indevida de "apto" a candidatos ao registro e porte de arma de fogo sem ter a condição necessária trazendo riscos para o próprio candidato ou para as demais pessoas da sociedade, entre outros.

Quando realizadas as avaliações psicológicas nestes contextos, deve-se garantir que os instrumentos utilizados atendam aos critérios de aplicação, correção e interpretação, definidos em seus manuais, previamente analisados e aprovados pelo CFP, a fim de evitar danos e consequências, muitas vezes, irreversíveis.

Pellini e Pereira (2008) alertam para outra questão que requer atenção e refere-se ao fato de que muitos testes estrangeiros são trazidos ao Brasil, colocados em uso, inclusive por não psicólogos e utilizados como parâmetros para comparações de sujeitos que a eles se submetem. Isso traz um prejuízo ao usuário, fazendo-o acreditar que está adquirindo serviços profissionais, quando na verdade está sendo avaliado por pessoas sem formação nem qualificação requeridas para a realização da avaliação, com instrumentos que, ainda que tenham excelente reputação em seu país de origem, não estão adaptados à população brasileira, o que pode implicar em desvios significativos de resultados. Muitos instrumentos jamais passaram por estudos de validação e mesmo que tais estudos tenham sido realizados em outros países, é imprescindível a adaptação à nossa realidade.

Assim, os testes de qualquer natureza, importados de outros países devem ser traduzidos e padronizados a partir de estudos realizados com amostras nacionais, considerando a relação de contingência entre as evidências de validade, precisão e dados normativos com o ambiente cultural onde foram realizados os estudos para sua aplicação prática profissional (Pellini; Pereira, 2008).

Enfim, para que um profissional atue de forma ética, quanto ao uso de instrumentos, deve procurar manter um contínuo aprimoramento profissional; utilizar apenas testes psicológicos com parecer favorável (listados no site do SATEPSI) na sua prática profissional; realizar a avaliação psicológica em condições ambientais adequadas, de modo a assegurar a qualidade e o sigilo das informações obtidas; guardar os documentos produzidos decorrentes de Avaliação Psicológica em arquivos seguros e de acesso controlado; proteger a integridade dos instrumentos, não os comercializando, publicando ou ensinando àqueles que não são psicólogos.

A DEVOLUTIVA NO PROCESSO DE AVALIAÇÃO PSICOLÓGICA

É importante mencionar outro aspecto fundamental envolvido no processo de avaliação, que se refere à entrevista devolutiva.

Conforme a Resolução nº 002/2016, que regulamenta a Avaliação Psicológica em Concurso Público e processos seletivos de natureza pública e privada e revoga a Resolução nº 001/2002, a devolutiva é direito de todo candidato sujeito a processos de avaliação psicológica:

> Art. 6º
>
> § 1º - O sigilo sobre as informações obtidos na avaliação psicológica deverá ser mantido pelo(a) psicólogo(a), na forma prevista pelo Código de Ética Profissional do Psicólogo.
>
> § 2º - Será facultado ao(à) candidato(a), e somente a este(a), conhecer os resultados da avaliação por meio de entrevista devolutiva. (CFP, 2016)

Deste modo, o candidato deverá ser informado sobre os serviços prestados e orientado quanto aos resultados obtidos, conforme Art. 1º, alíneas "g" e "h" do Código de Ética, que diz ser de responsabilidade do psicólogo "(...) informar, a quem de direito, os resultados decorrentes da prestação de serviços psicológicos, transmitindo somente o que for necessário para a tomada de decisões que afetem o usuário ou o beneficiário" e "(...) orientar a quem de direito sobre os encaminhamentos apropriados, a partir da prestação de serviços psicológicos, e fornecer, sempre que solicitado, os documentos pertinentes ao bom termo do trabalho". (CFP, 2005)

A entrevista devolutiva, em sua maioria, é resultante de um processo de avaliação psicológica, sendo esta entendida como um processo técnico-científico de coleta de dados, estudos e interpretação de informações a respeito dos fenômenos psicológicos que são resultantes da relação do indivíduo com a sociedade, utilizando-se de estratégias psicológicas como: métodos, técnicas e instrumentos. Os resultados dessas avaliações ou devolutivas devem considerar e analisar os condicionantes históricos e sociais e seus efeitos no psiquismo, com a finalidade de servirem como instrumentos para atuar não somente sobre o indivíduo, mas na modificação desses condicionantes que operam desde a formulação da demanda até a conclusão do processo.

A devolutiva não se constitui apenas em transmitir os resultados de um processo de avaliação psicológica, mas é também, o fruto de um trabalho realizado a partir de solicitações externas (PELLINI, 2006).

Essas solicitações são oriundas de diversas áreas de atuação profissional: clínica, organizacional, educacional, judiciária, hospitalar, entre outras, e se configuram em solicitações que exigem cuidados e responsabilidade. O psicólogo deve ter sempre claro em seu trabalho o objetivo de estar realizando uma avaliação. Dependendo do motivo da solicitação, ele pode mudar radicalmente, por exemplo, o destino de uma pessoa, família, desenvolvimento de uma criança ou uma decisão judicial.

É importante destacar o tipo de linguagem a ser empregada na devolutiva. No caso de trabalhar a devolutiva entre colegas psicólogos, o comunicado pode ser feito em termos técnicos, fazer referências aos recursos utilizados e discutir os detalhes, dos aspectos mais primitivos às defesas mais regressivas e mais maduras do cliente. Já em relação a outros profissionais, o psicólogo deve compartilhar somente as informações relevantes, resguardando o caráter confidencial e preservando o sigilo.

Algumas categorias profissionais têm características distintas a serem observadas. Uma solicitação feita por um juiz, por exemplo, que nomeia um psicólogo como perito no sistema judiciário, deve resultar em um laudo ou um parecer, sendo que esses tipos de documentos escritos devem ser formulados com os devidos cuidados de redação e transmitindo somente o que for necessário para a tomada de decisões e para que os operadores do Direito possam compreendê-los.

Para uma devolutiva solicitada por escola, o psicólogo deve se referir exclusivamente às questões levantadas na demanda inicial, em linguagem acessível a quem vai receber o resultado e, tomadas as devidas precauções no sentido de não invadir a intimidade do caso por questões que não se relacionam ao campo pedagógico.

Nas situações de recrutamento e seleção, alerta-se para a importância de ter claro o perfil do cargo para selecionar as técnicas que serão utilizadas e os procedimentos, de forma a não causar danos aos candidatos. No momento da devolutiva, o psicólogo deve comunicar claramente ao solicitante se suas características estão ou não contemplando os anseios da empresa. Nesses casos, é necessário ter o cuidado de não utilizar expressões como "Você não passou no teste" ou "Você não passou na avaliação psicológica", porque o candidato poderá se considerar incapaz e portador de alguma dificuldade ou "problema". Isso pode não corresponder à realidade, mas apenas ao fato de que ele não apresenta as características exigidas para o desempenho da função (PELLINI, 2006).

O Código de Ética, em seu Art. 2º, dispõe que é vedado ao psicólogo: "(...) emitir documentos sem fundamentação e qualidade técnico-científica; interferir na validade e fidedignidade de instrumentos e técnicas psicológicas, adulterar seus resultados ou fazer declarações falsas" (CFP, 2005).

Ainda em relação a esse aspecto, no contexto das organizações, o Código de Ética dispõe:

> Art. 9º – É dever do psicólogo respeitar o *sigilo profissional* a fim de proteger, por meio da confidencialidade, a intimidade das pessoas, grupos ou organizações, a que tenha acesso no exercício profissional.
>
> (...)
>
> Art. 12º – Nos documentos que embasam as atividades em equipe multiprofissional, o psicólogo registrará *apenas as informações necessárias* para o cumprimento dos objetivos do trabalho.
>
> (...)
>
> Art. 15º – Em caso de *interrupção do trabalho do psicólogo*, por quaisquer motivos, ele deverá *zelar pelo destino dos seus arquivos confidenciais.*
>
> § 1º – Em caso de demissão ou exoneração, o psicólogo deverá *repassar todo o material* ao psicólogo que vier a substituí-lo, ou *lacrá-lo para posterior utilização* pelo psicólogo substituto.
>
> § 2º – Em caso de extinção do serviço de Psicologia, o psicólogo responsável *informará ao Conselho Regional de Psicologia*, que providenciará a *destinação dos arquivos* confidenciais. (CFP, 2005, grifos nossos)

Os resultados de um processo de avaliação devem abordar de forma compreensível, objetiva e clara a problemática que causou a solicitação. A pessoa que é avaliada tem o direito de saber os resultados de sua avaliação e o psicólogo deve ter habilidades para integrar diferentes informações, provindas de diferentes fontes. O profissional Psicólogo deve conhecer a ciência psicológica e reconhecer que ética e técnica caminham juntas.

A importância da devolutiva nos processos de avaliação psicológica para obtenção da CNH é outro aspecto que devemos considerar. Existe a obrigatoriedade do cumprimento do Código de Ética do Psicólogo, no Art. 1º, alínea g, e da Resolução nº 001/2019 do Conselho Federal de Psicologia, que "(...) institui normas e procedimentos para a perícia psicológica no contexto do Trânsito" (CFP, 2019a) e revoga as Resoluções n° 07/2009 e n° 09/2011. Esta recente resolução destaca, em seu Art. 2°, as normas e procedimentos para avaliação psicológica de candidatos à Carteira Nacional de Habilitação e condutores de veículos automotores: "Quando solicitado, fica a (o) psicóloga (o) obrigada (o) a realizar a entrevista devolutiva à (ao) candidata (o), apresentando de forma objetiva o resultado da perícia psicológica e possíveis encaminhamentos, se for o caso" (CFP, 2019a).

A partir dos contextos acima, ressaltamos ainda que a devolutiva no processo de avaliação psicológica, assim como em qualquer área que o psicólogo estiver atuando, deve sempre ser realizada de forma a promover o crescimento do indivíduo.

Para referência e orientação quanto à preparação desse documento (de acordo com os princípios técnicos e éticos necessários para elaboração qualificada da comunicação escrita) devem ser seguidos os parâmetros da Resolução n° 006/2019 (que revoga a Resolução n° 007/2003), que institui regras para elaboração de documentos escritos produzidos pelo psicólogo, decorrentes de avaliação psicológica, conforme apresentado no Art. 7°: "Na elaboração de documento psicológico, a (o) psicóloga(o) baseará suas informações na observância do Código de Ética Profissional do Psicólogo (Resolução n° 010/2005), além de outros dispositivos de Resoluções específicas" (CFP, 2019b).

Quanto à guarda do material produzido que fundamentou a avaliação psicológica, a Resolução n° 006/2019 do CFP, dispõe na seção IV:

> Art. 15 - Os documentos escritos decorrentes da prestação de serviços psicológicos, bem como todo o material que os fundamentaram, sejam eles em forma física ou digital, deverão ser guardados pelo prazo mínimo de 5 (cinco) anos, conforme Resolução CFP n° 01/2009 ou outras que venham a alterá-la ou substituí-la.
>
> § 1° - A responsabilidade pela guarda do material cabe à(ao) psicóloga(o), em conjunto com a instituição em que ocorreu a prestação dos serviços profissionais.
>
> § 2° - Esse prazo poderá ser ampliado nos casos previstos em lei, por determinação judicial, ou em casos específicos em que as circunstâncias determinem que seja necessária a manutenção da guarda por maior tempo.

§ 3° – No caso de interrupção do trabalho da(do) psicóloga(o), por quaisquer motivos, o destino dos documentos deverá seguir o recomendado no Art. 15 do Código de Ética Profissional do Psicólogo (CFP, 2019b).

Quanto à responsabilidade técnica, o psicólogo deve ser capaz de transmitir ao candidato, informações que esclareçam ao mesmo, sua condição psicológica atual, e, se necessário, encaminhá-lo a outro profissional ou serviço especializado, previsto no art. 1° alínea "g" e "h" do Código de Ética Profissional.

A mudança introduzida pelo Código de Ética vigente é que este prevê como dever do psicólogo que a devolutiva seja também fornecida por escrito à pessoa atendida, caso esta venha a solicitar que seja feito dessa forma.

Art. 1° – São deveres fundamentais dos psicólogos:

h. Orientar a quem de direito sobre os encaminhamentos apropriados, a partir da prestação de serviços psicológicos, e fornecer, sempre que solicitado, os documentos pertinentes ao bom termo do trabalho. (CFP, 2018)

A Lei 10241/99, que dispõe sobre os direitos dos usuários dos serviços e das ações de saúde no Estado de São Paulo, também especifica que a prestação das informações deve ser fornecida por escrito:

Artigo 2° – São direitos dos usuários dos serviços de saúde no Estado de São Paulo:

IX – Receber por escrito o diagnóstico e o tratamento indicado, com a identificação do nome do profissional e o seu número de registro no órgão de regulamentação e controle da profissão. (GOVERNO DO ESTADO DE SÃO PAULO, 1999)

Como mencionado, a devolutiva se refere ao momento em que o psicólogo transmite à pessoa atendida o resultado do trabalho realizado, orientando-o e fazendo os encaminhamentos necessários. Isso pode ocorrer tanto durante o atendimento (por exemplo, no decorrer de um processo psicoterapêutico) ou na sua finalização (por exemplo, após a realização de uma avaliação psicológica).

Caberá ao psicólogo, no entanto, avaliar quais informações deve ser documentada considerando: a situação específica, os objetivos propostos do trabalho para o qual foi contratado e a fundamentação teórica do seu trabalho.

Enfatizamos ainda os cuidados e deveres do psicólogo nas suas relações com a pessoa atendida quanto ao sigilo profissional, às relações com a justiça e ao alcance das informações, identificando riscos e compromissos em relação à utilização das informações presentes nos documentos em sua dimensão de relações de poder, conforme dispõe a Resolução nº 006/2004, em seus Princípios Fundamentais na Elaboração de Documentos Psicológicos decorrentes de Avaliação Psicológica.

CONSIDERAÇÕES FINAIS

Ao nos remetermos ao título deste capitulo concluímos que a ética no uso de testes no processo de Avaliação Psicológica corresponde à elaboração ou escolha adequada de instrumentos, considerando a correta condição de aplicação e análise de seus resultados. Implica em definir o que aferir, como aferir, as consequências dessa aferição e o uso dos resultados obtidos, ou seja, significa um processo. Segundo Sass (2000) é um equívoco considerar a Avaliação Psicológica tão somente como geradora de um produto.

O autor destaca que a avaliação psicológica é marcada fortemente pelo aspecto técnico, onde parece ocultar a sua principal determinação: o aspecto político, pois sua dimensão técnica, dotada de procedimentos que avaliam pessoas e tomam decisões por elas, incide diretamente sobre a ação ético-política que o psicólogo executa em relação àquele que é avaliado.

A utilização ética dos testes psicológicos inclui a seleção de instrumentos tecnicamente confiáveis para cada situação, ao cuidado das sessões de aplicação, a administração adequada dos testes, a correção e análise dos resultados conforme procedimentos e sistemas de correção apresentados nos manuais e a comunicação dos resultados de forma clara e adequada para as pessoas envolvidas.

Implica também em assumir responsabilidades durante o processo, garantindo a segurança e a confidencialidade dos resultados obtidos em cada avaliação.

Portanto parece que o profissional da psicologia somente pode atuar de forma responsável e ética.

QUESTÕES:

1. Defina Avaliação Psicológica.

2. Ao utilizar um teste psicológico, quais aspectos devem ser observados?

3. Qual a conduta adequada para o uso de testes internacionais na população brasileira?

4. No que consiste a entrevista devolutiva?

5. Qual prazo mínimo para guardar os documentos referentes a uma avaliação psicológica?

REFERÊNCIAS

ALVES, I. C. B. (1998). Avaliação Psicológica: ética, situação no Brasil e na formação do psicólogo. In: *IV Encontro mineiro – O uso dos testes psicológicos.* Belo Horizonte: Vetor, 1998. p. 17-32

AMERICAN PSYCHOLOGICAL ASSOCIATION (APA). *Ethical principles of psychologists and code of conduct.* Washington, D C: American Psychological Association, 1992. Disponível em: <http://web.csulb.edu/~psy301/apaethicsco.html>. Acesso em: 01 Set. 2019.

BRASIL. *Lei nº 4119, de 27 de agosto de 1962. Dispõe sobre os cursos de formação em psicologia e regulamenta a profissão de psicólogo.* 1962. Disponível em: <http://www.planalto.gov.br/ccivil_03/leis/1950-1969/l4119.htm>. Acesso em: 01 Set. 2019.

CONSELHO FEDERAL DE PSICOLOGIA (CFP). *Resolução 001/2002. Regulamenta a Avaliação Psicológica em Concurso Público e processos seletivos da mesma natureza.* 2002. Disponível em: <https://site.cfp.org.br/resolucoes/resolucao-n-1-2002/>. Acesso em: 01 Set. 2019.

CONSELHO FEDERAL DE PSICOLOGIA (CFP). *Resolução n.º 002/2003. Define e regulamenta o uso, a elaboração e a comercialização de testes psicológicos e revoga a Resolução CFP nº 025/2001.* 2003. Disponível em: <https://site.cfp.org.br/wp-content/uploads/2012/05/resoluxo022003.pdf>. Acesso em: 01 Set. 2019.

CONSELHO FEDERAL DE PSICOLOGIA (CFP). *Resolução 007/2003. Institui o Manual de Elaboração de Documentos Escritos produzidos pelo psicólogo, decorrentes de avaliação psicológica e revoga a Resolução CFP º 17/2002.* 2003. Disponível em: <https://site.cfp.org.br/wp-content/uploads/2003/06/resolucao2003_7.pdf>. Acesso em: 01 Set. 2019.

CONSELHO FEDERAL DE PSICOLOGIA (CFP). *Resolução nº 006/2004. Altera a Resolução CFP n.º 002/2003.* 2004. Disponível em: <http://www.pol.org.br/pol/export/si-tes/default/pol/legislacao/legislacaoDocumentos/resolucao2003_02.pdf/>. Acesso em: 01 Set. 2019.

CONSELHO FEDERAL DE PSICOLOGIA (CFP). *Resolução nº 010/2005. Código de Ética Profissional do Psicólogo.* 2005. Disponível em: <https://site.cfp.org.br/wp-content/uploads/2012/07/codigo_etica.pdf>. Acesso em: 01 Set. 2019.

CONSELHO FEDERAL DE PSICOLOGIA (CFP). *Resolução nº 07/2009. Revoga a Resolução CFP nº 012/2000, publicada no DOU do dia 22 de dezembro de 2000, Seção I, e institui normas e procedimentos para a avaliação psicológica no contexto do Trânsito.* 2009. Disponível em: <https://site.cfp.org.br/wp-content/uploads/2009/08/resolucao2009_07.pdf>. Acesso em: 01 Set. 2019.

CONSELHO FEDERAL DE PSICOLOGIA (CFP). *Resolução nº 009/2011. Altera a Resolução CFP nº 007/2009, publicada no DOU, Seção 1, do dia 31 de julho de 2009.* 2011. Disponível em: <https://site.cfp.org.br/wp-content/uploads/2011/05/resolucao2011_009.pdf>. Acesso em: 01 Set. 2019.

CONSELHO FEDERAL DE PSICOLOGIA (CFP). *Resolução nº 005/2012. Altera a Resolução CFP n.º 002/2003, que define e regulamenta o uso, a elaboração e a comercialização de testes psicológicos.* 2012. Disponível em: <https://site.cfp.org.br/wp-content/uploads/2012/03/Resolucao_CFP_005_12_1.pdf>. Acesso em: 01 Set. 2019.

CONSELHO FEDERAL DE PSICOLOGIA (CFP). *Resolução nº 002/2016. Regulamenta a Avaliação Psicológica em Concurso Público e processos seletivos de natureza pública e privada e revoga a Resolução CFP Nº 001/2002.* 2016. Disponível em: <http://satepsi.cfp.org.br/docs/Resolucao002-2016.pdf>. Acesso em: 01 Set. 2019.

CONSELHO FEDERAL DE PSICOLOGIA (CFP). *Nota Técnica nº 01/2017 – CFP Em 05 de maio de 2017. Altera a Nota Técnica nº 02/2016, que orienta psicólogos, editoras e laboratórios responsáveis pela utilização e comercialização de serviços, recursos e produtos psicológicos em ambiente virtual, em plataformas informatizadas.* 2017a. Disponível em: <https://site.cfp.org.br/wp-content/uploads/2017/05/Nota-T%C3%A9cnica-n%C2%BA-01-2017-Plataformas-Informatizadas-de-Testes-psicol%C3%B3gicos.pdf>. Acesso em: 01 Set. 2019.

CONSELHO FEDERAL DE PSICOLOGIA (CFP). *Nota Técnica n° 02/2017 – CFP. Orientação de atualização de normas de testes psicológicos.* 2017b. Disponível em: <https://site.cfp.org.br/wp-content/uploads/2017/05/Nota--T%C3%A9cnica-n%C2%BA-02-2017-Atualiza%C3%A7%C3%A3o-de--normas-de-testes-psicol%C3%B3gicos.pdf>. Acesso em: 01 Set. 2019.

CONSELHO FEDERAL DE PSICOLOGIA (CFP). *Resolução n° 9, de 25 de abril de 2018. Estabelece diretrizes para a realização de Avaliação Psicológica no exercício profissional da psicóloga e do psicólogo, regulamenta o Sistema de Avaliação de Testes Psicológicos - SATEPSI e revoga as Resoluções n° 002/2003, n° 006/2004 e n° 005/2012 e Notas Técnicas n° 01/2017 e 02/2017.* 2018. Disponível em: <http://satepsi.cfp.org.br/docs/Resolu%C3%A7%C3%A3o-CFP-n%-C2%BA-09-2018-com-anexo.pdf>. Acesso em: 01 Set. 2019.

CONSELHO FEDERAL DE PSICOLOGIA (CFP). *Resolução n° 9 1, de 7 de fevereiro de 2019. Institui normas e procedimentos para a perícia psicológica no contexto do trânsito e revoga as Resoluções CFP n° 007/2009 e 009/2011.* 2019a. Disponível em: < http://www.in.gov.br/materia/-/asset_publisher/Kujrw0TZC2Mb/content/id/62976927/do1-2019-02-12-resolucao-n-1-de--7-de-fevereiro-de-2019-62976886>. Acesso em: 01 Set. 2019.

CONSELHO FEDERAL DE PSICOLOGIA (CFP). *Resolução n° 6, de 29 de março de 2019. Institui regras para a elaboração de documentos escritos produzidos pela(o) psicóloga(o) no exercício profissional e revoga a Resolução CFP n° 15/1996, a Resolução CFP n° 07/2003 e a Resolução CFP n° 04/2019.* 2019b. Disponível em: <http://www.in.gov.br/web/guest/materia/-/asset_publisher/Kujrw0TZC2Mb/content/id/69440957/do1-2019-04-01-resolucao-n-6-de-29-de-marco-de-2019-69440920>. Acesso em: 01 Set. 2019.

GOVERNO DO ESTADO DE SÃO PAULO. *Lei n° 10.241, de 17 de março de 1999. Dispõe sobre os direitos dos usuários dos serviços e das ações de saúde no Estado.* 1999. Disponível em: <https://www.al.sp.gov.br/repositorio/legislacao/lei/1999/lei-10241-17.03.1999.html>. Acesso em: 01 Set. 2019.

NORONHA, A. P.; ALCHIERI, J. C. Reflexões sobre os instrumentos de Avaliação Psicológica. In: PRIMI, R. (Org.). *Temas em Avaliação Psicológica.* Campinas: Impressão Digital do Brasil, IBAP, 2002. p. 7-16.

PASQUALI, L.; ALCHIERI, J. C. Os Testes Psicológicos no Brasil. In: PASQUALI, L (Org.), *Técnicas de Exame Psicológico – TEP.* São Paulo: Casa do Psicólogo, 2001.

PELLINI. M. C. B. M. Devolutiva: direito do cliente, dever do psicólogo: Fornecimento dos resultados é parte fundamental na prestação de serviços psicológicos. *Jornal Psi CRPSP,* v. 147, 2006. Disponível em: <http://www.

crpsp.org.br/portal/comunicacao/jornal_crp/147/frames/fr_questoes_eticas. aspx> Acesso em: 01 Set. 2019.

PELLINI. M. C. B. M.; PEREIRA, D. C. Teste psicológico: o que você precisa saber antes de escolher um. *Jornal Psi CRPSP*, v. 155, 2008. Disponível em: <http://www.crpsp.org.br/portal/comunicacao/jornal_crp/155/ frames/fr_orientacao.asp> Acesso em: 01 Set. 2019.

PELLINI, M. C. B. M.; ROSA, H.; VILARINHO, M. A. Uma reflexão sobre as questões éticas no ensino das técnicas de Avaliação Psicológica nos cursos de Graduação em Psicologia. *Caderno Uniabc de Psicologia*, v. 31, 61-69, 2002.

SASS, O. (2000). O lugar da avaliação psicológica. In: PELLINI, M. C. B. M. *Avaliação psicológica para porte de arma de fogo*: contribuições da prova de Rorschach. São Paulo: Casa do Psicólogo, 2000.

OS AUTORES

FELIPE VALENTINI

Professor do Programa de Pós-Graduação Stricto Sensu em Avaliação Psicológica da Universidade São Francisco, USF, Campinas, SP (CAPES - 7). Doutor em Psicologia Social, do Trabalho e das Organizações pela Universidade de Brasília (UnB). Desde 2012 participa do grupo de trabalho da ANPEPP em Avaliação Cognitiva e Neuropsicológica. Os seus interesses de pesquisa se concentram nos seguintes temas e áreas: Inteligência, habilidades cognitivas, desempenho acadêmico e no trabalho, psicometria, avaliação psicológica no contexto da educação e do trabalho, construção e adaptação de instrumentos psicológicos, pesquisas com uso da Teoria de Resposta ao Item, modelagem por equações estruturais e multinível.

GISELE APARECIDA DA SILVA ALVES

psicóloga bilíngue, mestre em Psicologia com ênfase em avaliação psicológica pela Universidade São Francisco. Atua como gerente executiva do eduLab21, o laboratório de ciências para a educação do Instituto Ayrton Senna, em projetos voltados para a educação integral. Consultora em avaliação psicológica, construção de instrumentos, adaptações transculturais e treinamento na área de avaliação psicológica.

IRENE F. ALMEIDA DE SÁ LEME

Psicóloga; MBA em Gerência e Administração de Recursos Humanos (FGVSP). Docente de disciplinas relacionadas à avaliação psicológica, testes psicológicos e ética. Experiência em desenvolvimento e elaboração de projetos de pesquisas. Atuação na área de Recursos Humanos (recrutamento e seleção, gestão e desenvolvimento de pessoas). É uma das autoras da adaptação brasileira dos testes: Teste de Inteligência Geral – BETA III; Inventário Fatorial de Personalidade II – IFP-II; Teste de Trilhas Coloridas – TTC; Teste de Memória Visual de Rostos – MVR; Indicador de Julgamento de Liderança – LJI.

IVAN SANT´ANA RABELO

Psicólogo. Doutor em Ciências pela Universidade de São Paulo (EEFE/USP). Mestre em Avaliação Psicológica pela Universidade São Francisco (USF). Pós-doutorado em Psicologia no Laboratório Fator Humano da Universidade Federal de Santa Catarina (UFSC). Cursando estágio pós-doutoral no Centro de Estudos Socioculturais do Movimento Humano na Universidade de São Paulo (EEFE- -USP). Docente em cursos de graduação, especialização e extensão. Pesquisador e autor de testes psicológicos e adaptações brasileiras de testes internacionais. Experiência em Recursos Humanos, Orientação profissional e de carreira, criação e adaptação de testes e outras medidas. Participação em pesquisas em Psicologia do esporte, olimpismo, projetos educacionais em competências cognitivas e socioemocionais. Membro do Grupo de Estudos Olímpicos - GEO (USP).

JACOB ARIE LAROS

PhD em Psychological, Social and Educational Sciences desde 1991 pela Rijksuniversiteit Groningen (RuG - Holanda). Pesquisador no Instituto de Psicologia da RuG entre 1991 e 1995. Membro do corpo docente do Instituto de Psicologia da Universidade de Brasília (UnB) desde 1995. Estágios de pós-doutorado realizados: Rijksuniversiteit Groningen (2001) e Universidad de Valencia (2009). Professor titular aposentado do Departamento de Psicologia Social e do Trabalho da Universidade de Brasília (UnB). Pesquisador colaborador sênior do Programa de Pós-graduação em Psicologia Social, do Trabalho e das Organizações (Conceito CAPES 6) no qual ministra aulas e no qual

orienta estudantes de mestrado e doutorado. Coordenador do laboratório META (Métodos e Técnicas de Avaliação) e do Grupo de Trabalho (GT) Avaliação Cognitiva e Neuropsicológica da ANPEPP (Associação Nacional de Pesquisa e Pós-graduação em Psicologia). Autor de testes não-verbais de inteligência: o SON-R 2-8 para crianças de 2 até 8 anos e o SON-R 6-40 para pessoas entre 6 e 40 anos. O SON-R 2-8 (a versão nova do SON-R 2½-7) foi publicado na Holanda (2017) e na Alemanha (2018). A versão abreviada do SON-R 2½-7 foi publicada no Brasil em 2015. Pesquisador nos seguintes temas: Avaliação cognitiva e neuropsicológica; Avaliação dos traços de personalidade; Avaliação educacional; Avaliação de programas sociais e educacionais. Participou em 111 bancas examinadoras (34 de Doutorado, 38 de Mestrado, 37 de qualificação para o Doutorado ou Mestrado e 2 de Graduação). Formou 33 alunos (18 de Doutorado e 15 de Mestrado) e tem mais que 75 trabalhos publicados (55 artigos, 17 livros e 10 capítulos de livro).

JOÃO PAULO ARAÚJO LESSA

Psicólogo (2013). Mestre em Psicologia, com ênfase em Avaliação Psicológica pela Universidade São Francisco/SP e Doutorando pela mesma instituição. Especialista em Avaliação Psicológica (IPOG/SP, 2017). Foi responsável técnico da Momento Ser Psicologia de 2013 a 2017. Consultor acadêmico e pesquisador assistente do EduLab21/ Instituto Ayrton Senna.Tem participado de eventos científicos nacionais e internacionais, com apresentação de trabalhos e mesas redondas, com ênfase em Psicometria, Psicologia aplicada, Personalidade, Psicologia Positiva, Fundamentos e Medidas em Psicologia, Intervenções psicológicas, Testes de autorrelato e Métodos projetivos. Membro da Associação Brasileira de Psicologia Positiva (ABP+), do Instituto Brasileiro de Avaliação Psicológica (IBAP) e da Comissão Internacional de Testagem e Avaliação Psicológica e Educacional (ITC).

JOSEMBERG MOURA DE ANDRADE

Possui formação em Psicologia pela Universidade Federal da Paraíba (2002) e os títulos de mestre (2005) e de doutor (2008) em Psicologia Social e do Trabalho na área de Avaliação e Medida pela Universidade de Brasília. Atualmente é professor Associado I do Departamento de Psicologia Social e do Trabalho (PST) e professor permanente credenciado no Programa de Pós-Graduação em Psicologia Social, do Trabalho e das Organizações (PSTO) – nível mestrado e doutorado – ambos na Universidade de Brasília (UnB). É membro da Comissão Consultiva em Avaliação Psicológica do Conselho Federal de Psicologia (Satepsi) (Gestão 2017-2019) e Editor associado da revista Psicologia: Teoria e Pesquisa (UnB) na área de avaliação psicológica. Foi credenciado ao Programa de Pós-Graduação em Modelos de Decisão e Saúde do Departamento de Estatística da UFPB e, também, membro da Comissão Assessora de Especialistas em Avaliação de Políticas Educacionais do INEP/MEC. Foi coordenador do Grupo de Pesquisa em Avaliação e Medidas Psicológicas (GPAMP/UFPB) e segundo Secretário da diretoria do Instituto Brasileiro de Avaliação Psicológica - IBAP (gestão 2015-2017). Exerceu a função de psicometrista no Centro de Seleção e de Promoção de Eventos (CESPE/UnB) e colaborou como assistente de pesquisa no Canadian Research Institute for Social Policy/ Universidade de Nova Brunswick/Canadá. Tem experiências em Psicologia e Educação com ênfase na Construção e Validação de Escalas Atitudinais, Testes Psicológicos e Testes Educacionais para avaliação em larga escala. Tem desenvolvido pesquisas na área de elaboração e validação de instrumentos psicológicos com destaque para a avaliação da personalidade, transtornos de personalidade, inteligência e interesses profissionais. Suas principais áreas de interesse são: Avaliação Psicológica, Psicometria aplicada e básica, Teoria de Resposta ao Item, Personalidade, Transtornos de Personalidade, Avaliação Educacional.

LEILA BRITO

Psicóloga clínica. Especialista em Psicologia Junguiana pela Faculdade de Ciências da Saúde de São Paulo (FACIS). Especialista em Docência no Ensino Superior pela Universidade Cidade de São Paulo (UNI-CID), cursou Psicopedagogia na Universidade Cidade de São Paulo (UNICID). Atuou como tutora do EAD da Universidade Cidade de São Paulo (UNICID) e também atuou como assistente técnica de Testes da Editora Casa do Psicólogo.

LUCAS DE FRANCISCO CARVALHO

Graduado em Psicologia pela Universidade Presbiteriana Mackenzie e formado em Acompanhamento Terapêutico pelo Instituto de Psiquiatria do Hospital das Clínicas de São Paulo. Mestre e doutorando em Avaliação Psicológica pela Universidade São Francisco. Realizou parte de seu doutorado nos EUA, na University of Toledo. Foi bolsista de mestrado pela CAPES e bolsista de doutorado pela Fapesp. Atualmente é professor do curso de Psicologia da Universidade Presbiteriana Mackenzie.

MAKILIM NUNES BAPTISTA

Possui graduação em Psicologia pela Universidade Sao Judas Tadeu (1995), mestrado em Psicologia pela Pontifícia Universidade Católica de Campinas (1997) e doutorado pelo departamento de Psiquiatria e Psicologia Médica da Universidade Federal de São Paulo (2001). Atualmente é docente do Programa de Pós-Graduação Stricto-Sensu em Psicologia da Universidade São Francisco - Campinas; bolsista produtividade pelo CNPq; Coordenador do Laboratório de Avaliação Psicológica em Saúde Mental (LAPSAM-III) do Programa de Pós- Graduação Stricto-Sensu em Psicologia da Universidade São Francisco; Presidente do Instituto Brasileiro de Avaliação Psicológica - IBAP; Membro do Grupo de Trabalho de Família da União Latino-Americana de Entidades de Psicologia (ULAPSI); Membro del Red Mundial Suicidólogos. Tem experiência na área de Psicologia, com ênfase em Avaliação Psicológica, Tratamento e Prevenção Psicológica, atuando principalmente nos seguintes temas: depressão, suporte familiar, suicídio, adolescentes e estresse.

MARCIA GABRIEL DA SILVA REGO

Doutora e Mestre em Neurociências e Comportamento pelo Instituto de Psicologia da Universidade de São Paulo. Coordenadora do curso de Pós-graduação Educação, Saúde e Neuropsicologia, realizado na Faculdade Victor Hugo em São Lourenço (MG). É responsável técnica pelo Instituto Espaço Residir. Coordenadora Auxiliar, Professora titular da Universidade Paulista. Psicóloga, até outubro de 2010, do Hospital das Clínicas da Universidade de São Paulo.Tem experiência na área da Psicologia, com ênfase em Neuropsicologia, atuando principalmente nos seguintes temas: neuropsicologia, avaliaçao psicológica e neuropsicologica, síndrome de asperger, hiperlexia, processos cognitivos e linguagem.

MARIA CRISTINA BARROS MACIEL PELLINI

Psicóloga, Doutora em Psicologia Escolar e do Desenvolvimento Humano - IP/USP (2006), Mestre em Psicologia - Universidade São Marcos (1999), Lato Sensu em Administração de Recursos Humanos - UNIP (1993), Especialização no Método de Rorschach - Sociedade Rorschach de São Paulo (1988), Licenciada e Graduada em Psicologia - FMU (1985). Atualmente é professora adjunta e Coordenadora Auxiliar da Universidade Paulista do Curso de Psicologia. Professora do Curso de Especialização, Lato Sensu, em Avaliação Psicológica do IPOG - Instituto de Pós Graduação. Experiência na área de Psicologia do Desenvolvimento Humano com ênfase em Avaliação Psicológica, atuando e pesquisando os seguintes temas: Psicologia e formação, Método de Rorschach, Avaliação psicológica, Ética profissional, Psicologia na interface com a justiça. Ex Conselheira do CRP-06 gestões: 1995-1998, 2004-2007 e 2007-2010 acompanhando principalmente temas relevantes como: avaliação psicológica, questões éticas na prática profissional, psicologia jurídica, porte de arma. Atualmente é membro da Comissão de Ética do CRPSP.

MAYRA SILVA DE SOUZA

Possui graduação em Psicologia pela Universidade José do Rosário Vellano, especialização em Psicologia Hospitalar pela Universidade Vale do Rio Verde, mestrado e doutorado em Psicologia - Avaliação Psicológica em Contextos da Saúde Mental - pela Universidade São Francisco (USF). Atualmente é Professora Adjunta 1 da Universidade Federal Fluminense.

RODOLFO A. M. AMBIEL

Psicólogo, Doutor em Psicologia pela Universidade São Francisco. Atualmente é docente do Programa de Pós-graduação Stricto Sensu em Psicologia da Universidade São Francisco (área de concentração em Avaliação Psicológica) e do curso de graduação em Psicologia da mesma universidade. É editor-chefe da Revista Psico-USF (Qualis A2). Presidente da Associação Brasileira de Orientação Profissional (ABOP) – gestões 2015-2017 e 2017-2019. Bolsista Produtividade do CNPq 2.

SÍLVIA VERÔNICA PACANARO

Graduação em Psicologia, Especialização em Educação/Psicopedagogia e Mestrado em Psicologia com foco em Avaliação Psicológica. Atua há 15 anos em consultório particular realizando avaliação psicológica/psicopedagógica, orientação vocacional, psicoterapia e atividades de pesquisa. Realizou trabalho como pesquisadora no Departamento de Pesquisa e Produção de Testes da Editora Casa do Psicólogo - SP participando de diversas atividades de pesquisa e estudos de normatização de instrumentos psicológicos, bem como a realização de adaptação brasileira de alguns instrumentos psicológicos, como o Teste Não Verbal de Inteligência Geral BETA-III, Teste de Memória Visual de Rostos (MVR), Teste de Trilhas Coloridas (TTC), entre outros. Trabalhou na Editora Pearson Clinical no setor de gestão e treinamento de instrumentos psicológicos e psicopedagógicos, realizando atendimento de dúvidas técnicas dos instrumentos, cursos e treinamentos na área. Tem experiência na área de avaliação psicológica, psicologia da saúde, transtornos de aprendizagem, construção e estudos de normatização e validade de instrumentos psicológicos, psicopedagógicos, entre outros.

VICENTE CASSEP-BORGES

Graduado em Psicologia pela Universidade do Vale do Rio dos Sinos (2006). Doutor em Psicologia Social, do Trabalho e das Organizações (PSTO) pela Universidade de Brasília (UnB). Colaborador do Centro de Estudos Psicológicos sobre Meninos(as) de Rua (CEP-Rua) na Universidade Federal do Rio Grande do Sul (UFRGS) desde 2002, sob orientação da professora Sílvia Helena Koller e do Laboratório de Pesquisa em Avaliação e Medidas (LabPAM) sob orientação do professor Luiz Pasquali. Recebeu o Prêmio Estudantil da Sociedade Interamericana de Psicologia em 2007. Atualmente, é Professor Adjunto da Universidade Federal da Grande Dourados. Seus temas de interesse são o Amor e a Avaliação Psicológica.

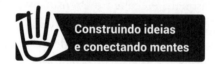

Este livro foi composto com tipografia Bembo Std
e impresso em papel Offset 75g.
na Gráfica Vereda em maio de 2022.